Doris Leupold, Dezember 89

LEADING MEN

LEADING MEN

Filmstars, die Kinogeschichte machten.
Von den Anfängen bis heute.

TEXT VON JULIE WELCH

DESIGN VON LOUISE BRODY

VORWORT VON JANE RUSSELL

PHOTOGRAPHIEN VON

THE KOBAL COLLECTION

ORBIS VERLAG

Aus dem Englischen übertragen
von Almuth Carstens

Erstveröffentlichung 1985 bei
Conran Octopus Limited
28-32 Shelton Street
London WC2 9PH

ISBN 3-572-05956-9

Herzlich bedanken möchte ich mich bei Simon Crocker, ohne dessen Rat, Hilfe und Ermutigung dieses Buch nicht erschienen wäre. Auch Dave Kent bin ich Dank schuldig für seine unschätzbaren Ratschläge und für die Unterstützung bei der Bildbeschaffung. Mein Dank gilt auch der Kobal Collection und Conran Octopus, die dieses Buch ermöglicht haben, vor allem Alex Lascelles, der großes Verständnis gezeigt hat. Viele, viele Stunden haben wir beim Sichten und Auswählen der großartigen Photos aus John Kobals Sammlung verbracht. Ich hoffe, die Leser haben an dem Ergebnis unserer Arbeit genauso viel Freude wie wir. Louise Brody

Der Verlag möchte sich bei folgenden Verleihern und Filmgesellschaften für Szenenfotos und Studioporträts bedanken: Allied Artists, Anglo Amalgamated, Avco Embassy, CBS Theatrical Films, Cocinor, Columbia Pictures, Constantin, EMI, Eon, Europa Film, Juno Film, London Films, Long Road, Lucasfilm, Malpaso, MGM, Mirisch, Mutual, Orion, Paramount Pictures, Produzione Europee Associates, Rank Organisation, Rastar, Remus, Republik, RKO, Selznick Releasing Corporation, Seven Arts, Tri-Star, 20th Century Fox, United Artists, Universal Pictures, Warner Brothers. Die Photos auf Seite 207 und 215 stellte Rex Feature zur Verfügung.

Foto auf dem Innentitel: Studioporträt von Gary Cooper, 1930
Foto zum Vorwort: Studioporträt von Jane Russell, 1949
Foto A. L. ›Whitey‹ Schaefer

INHALT

VORWORT

Was würden wir wohl ohne die wunderbaren Phantasien anfangen, die die Leinwandhelden in uns wachrufen? Seit Beginn der Filmgeschichte lassen sie weibliche Herzen schneller schlagen und Männer heroischen Träumen nachhängen. Jedes Mädchen hätte einfach alles dafür gegeben, wenn es nur mit einem von ihnen hätte arbeiten können. Man wußte, daß der Held die Liebe der Heldin gewinnen würde oder die Heldin selbst, weil er die Fähigkeit hatte, das Innerste seiner Seele dem Auge der Kamera zu offenbaren. Er ließ uns wünschen, daß wir ihn in die Arme nehmen und ihm sagen könnten, wie sehr wir ihn lieben.

Sie waren eine sehr gemischte Gesellschaft, einer dem anderen so unähnlich wie nur möglich; groß und klein, derb und empfindsam, schön und sogar häßlich. Eins hatten sie allerdings alle gemeinsam – Sex-Appeal, und zwar in Verbindung mit einer Qualität des Außergewöhnlichen, die sie aus der Masse herausragen ließ. Eines weiß ich, ich bin niemals einem dummen oder unsensiblen Leading Man begegnet, und ich habe mit etlichen von ihnen gearbeitet – darunter Clark Gable, Robert Mitchum und Gilbert Roland.

Die heutigen Leinwandhelden haben sicher ähnliche Qualitäten. Sie erscheinen mir vielleicht nicht so schön wie ihre Vorgänger, und es fehlt ihnen der Propaganda-Apparat von Hollywood, den wir hinter uns wußten, aber sie haben immer noch all die Eigenschaften, die wir von unsern Stars verlangen, besonders die alles entscheidende – die Fähigkeit, uns für sie zu interessieren und an ihnen Anteil nehmen zu lassen.

In diesem Buch mit seinen unvergeßlichen Photos können wir alle noch einmal unseren Träumen über die großen Filmstars nachhängen.

Jane Russell

EINLEITUNG

Ich bin eher ein Filmfan als eine Autorität auf diesem Gebiet. Ich könnte nicht Wort für Wort den Dialog von *Der schwarze Falke* wiederholen oder bis ins letzte Detail die Story von *The Wild Bunch – Sie kannten kein Gesetz* nacherzählen oder mich an die Handlung sämtlicher Filme erinnern, die Gary Cooper je gemacht hat. Aber wie jeder Mensch habe auch ich meine Lieblingsstars, von denen manche in ganz alten Streifen mitspielten, und andere Neulinge sind, deren Filme – gut, schlecht oder mittelmäßig – ich mit lebhaftem Interesse verfolge.

Es gibt zweifellos einen Unterschied zwischen Leading Men und großen Schauspielern, aber er ist subtil, und ich finde es schwierig, ihn zu beschreiben. Die Anziehungskraft eines Leading Man ist sowohl sexueller als auch romantischer Natur, und während sich Sex-Appeal leicht ausmachen läßt, ist Romantik schwerer faßbar, da sie eher eine Sache des Augenblicks als der Persönlichkeit oder der körperlichen Attraktivität ist. Da wäre etwa Humphrey Bogart im Café Americain, der zu Sam sagt: »Ich dachte, ich hätte dir gesagt, du sollst es nicht mehr spielen«, oder Fred Astaire, der in *Ich tanze mich in Dein Herz hinein* Wange an Wange mit Ginger Rogers im Kreis herumwirbelt. Es könnte auch Robert De Niro sein, der mit Liza Minelli in *New York, New York* vor dem Haus des Richters im Schnee herumtollt, oder Martine Carol, die sich für Anton Walbrook, den König von Bayern, in *Lola Montez* entkleidet, oder die letzten Momente von *Broadway Danny Rose*, als Woody Allen auf die Straße hinausläuft, um Mia Farrow doch noch zu verzeihen.

Vor kurzem fiel mir eine solche Situation sogar in einem Film mit Doris Day und Clark Gable auf, der *Reporter der Liebe* heißt. Obwohl erst in den letzten Jahren von Gables Karriere gedreht, nämlich zwei Jahre vor seinem Tod – zu seinen Grübchen hatten sich Runzeln und Falten gesellt, sein Kinn war schwammig und sein Schritt nicht mehr so energisch wie früher –, gibt es darin eine Szene, in der Gable in einem Hauseingang anhält, sich die gönnerhafte, zimperliche Day greift und sie in eine Umarmung zwingt, die für alles andere entschädigt.

Die Recherchen zu diesem Buch gaben mir eine wunderbare Möglichkeit, mein Wissen über die Leading Men zu erweitern, denen ich zuvor wenig Aufmerksamkeit geschenkt hatte, und meine Wahrnehmung dafür zu schärfen, wie wichtig Filme für unsere Einstellung zur Männlichkeit sind. Es machte mir viel Spaß, Männer einmal anders zu betrachten, indem ich sie in Kategorien einteilte: den Macho-Typ wie Clint Eastwood, denjenigen, dem deutlich anzumerken ist, daß er in seiner Jugend eine Menge Bogie-Streifen gesehen hat, und den glatten Beau wie Cary Grant. Mir wurde klar, daß Stars zwar immer sexuelles Charisma besitzen, aber nie einfach nur Sexobjekte sind. Sie repräsentieren außerdem maskuline Wertvorstellungen und Phantasien und dienen als Rollenvorbilder für ihre Ära, ob als Schwadroneure und feurige Liebhaber der zwanziger Jahre, als die uramerikanischen Helden der dreißiger, die schlagfertigen Privatdetektive der vierziger oder als Heroen der Arbeiterklasse in den fünfziger und sechziger Jahren. In neuerer Zeit tendieren die männlichen Stars wieder mehr zum Macho. Immer wieder wurden ihre Gebärden und Manierismen kopiert: Gary Coopers affektierte Sprechweise, Humphrey Bogarts kratzige Stimme, James Deans Grinsen und John Waynes stolzierender Gang. Noch heute werden sie imitiert.

Wenn man Filmstars unter diesem Aspekt betrachtet, ist es klar, daß derselbe Typ zu verschiedenen Zeiten immer wieder auftaucht – nur die Verpackung ändert sich, damit sie zu den Moden und Verhaltensweisen der jeweiligen Ära paßt. Der säbelrasselnde Abenteurer, der als erster in Gestalt von Douglas Fairbanks sen. in den zwanziger Jahren die Leinwand beherrschte, kehrte in späteren Jahrzehnten in verschiedenen Varianten zurück: Errol Flynn und Tyrone Power, Stewart Granger und Tony Curtis in seinen Anfangsjahren. Heutzutage haben wir Harrison Ford. Rudolph Valentino, dessen sadistische, drängende Sinnlichkeit Frauen zu erotischen Phantasien und Männer zu Neid und Spott inspirierte, war der erste in der Reihe feuriger Liebhaber, die sich bis zu John Travolta erstreckt.

Um es noch komplizierter zu machen: Ein Schauspieler kann nur in einem bestimmten Abschnitt seiner Laufbahn ein Leading Man sein, zum Beispiel Spencer Tracy in seinen Filmen mit Katharine Hepburn, bevor er der weise alte Mann des Films wurde, und John Wayne, der als Partner einer Hauptdarstellerin mit starker Persönlichkeit am romantischsten wirkte, wie etwa mit Marlene Dietrich in *Stahlharte Fäuste*. Bei Robert De Niro ist es unmöglich, etwas über ihn als Leading Man zu sagen, ohne über den großen Schauspieler zu sprechen. Humphrey Bogart spielte jahrelang bei Warner Brothers den Gangster, bevor er durch Rollen wie die des Sam Spade in *Die Spur des Falken* und als Rick in *Casablanca* mit über vierzig zur romantischen Figur wurde. Albert Finney spielte zwar viele romantische Rollen – in *Samstagnacht bis Sonntagmorgen* und *Zwei auf gleichem Weg* zum Beispiel –, sieht sich aber eher als normalen Schauspieler, und seine wahre Liebe gehört der Bühne. Umgekehrt ist Laurence Olivier vor allem als begnadeter Bühnenschauspieler bekannt, und man vergißt, daß er mit seiner eleganten Erscheinung vor dem Krieg der ideale romantische Held in Filmen wie *Stürmische Höhen* und *Rebecca* war.

Oft übernehmen männliche Filmstars auch Rollen, die der landläufigen Vorstellung von ihrem Image zuwiderlaufen. Ich denke immer noch an Robert Redford als die Kennedy nachempfundene Figur in *Bill McKay – der Kandidat*. Sexy, erfolgreich und photogen, kehrte er hier alle diese Eigenschaften um und zeigte die darunterliegenden, weniger angenehmen Seiten. Dasselbe machte Hitchcock mit Cary Grants Image in *Berüchtigt* und *Der unsichtbare Dritte* und mit James Stewart in *Das Fenster zum Hof* und *Vertigo – Aus dem Reich der Toten* oder Max Ophüls mit Louis Jourdan in *Brief einer Unbekannten*.

Es gibt keinen Zweifel, daß bestimmte Regisseure und Leading Men eine perfekte Affinität zueinander haben, eine symbiotische Beziehung, wie etwa die zwischen Martin Scorsese und Robert De Niro. Das Großartige an Gary Cooper, der mit einer Menge hervorragender Regisseure arbeitete, war wiederum, daß jeder von ihnen ihn auf seine besondere Art und Weise einsetzen konnte. Cooper hatte nicht nur ein Gesicht, sondern viele verschiedene, und die Regisseure erkannten das.

Ebenso wie manchmal das Image eines bestimmten Schauspielers erfolgreich auf den Kopf gestellt wird, läßt sich auch das Bild vom männlichen Star umkehren, einschließlich aller Erwartungen von seiten des Publikums, die daran hängen: William Holdens Gigolo/Schurke in *Boulevard der Dämmerung* und die Rollen von Richard Gere in *Ein Mann für gewisse Stunden* und Jon Voight in *Asphalt-Cowboy* sind dafür perfekte Beispiele. Howard Hawks drehte nach Ben Hechts Bühnenkomödie Extrablatt den Film *Sein Mädchen für besondere Fälle* mit Rosalind Russell in der Rolle des Helden und Cary Grant als Partner. Gene Kelly parodierte als Don in *Du sollst mein Glücksstern sein* die Stars der alten Stummfilme, die sich der Wichtigkeit ihres Images bewußt waren: »Würde, immer Würde!« Eine Hommage an Bogart waren in neuerer Zeit die Rollen von Jean-Paul Belmondo in *Außer Atem* und Woody Allen in *Mach's noch einmal, Sam*, Peter O'Toole als Radaubruder in *My Favourite Year* dagegen ist ein säbelrasselnder, trunkener Tribut an Errol Flynn – oder an John Barrymore.

Auch der Zufall spielt gelegentlich bei der Entstehung von Leinwandheroen mit. Die Tatsache, daß die großen Stars nicht in sämtlichen Filmen auftreten konnten, die für sie gedacht waren, gab der weniger prototypischen Zweitbesetzung eine wunderbare Chance, ihre romantische Begabung zu zeigen. Joel McCrea wurde von dem Satz »Er bekam alle Rollen, die Gary Cooper ablehnte« geradezu verfolgt. Paul Newman begann seine Karriere als Marlon-Brando-Kopie. Gable erhielt seinen Part in *Es geschah in einer Nacht* erst, nachdem Robert Montgomery und Fredric March beide dankend darauf verzichtet hatten, Michael Sarrazin war nicht an der Rolle von Jon Voight in *Asphalt-Cowboy* interessiert, und Jack Nicholson gelangte zu Starruhm, als Rip Torn in *Easy Rider* das Feld räumte.

Bei den zeitgenössischen männlichen Stars halte ich eigentlich nur die Rollen von Woody Allen für nicht besetzbar durch andere Schauspieler. Robert Redford wäre vielleicht immer ein x-beliebiger kalifornischer Blondschopf geblieben, wenn Marlon Brando, Steve McQueen und Warren Beatty die Rolle des Sundance Kid nicht sämtlich abgelehnt hätten. John Travolta ließ sich *Ein Mann für gewisse Stunden* entgehen, und der Part fiel an Richard Gere. Dasselbe gilt für bestimmte schauspielerische Leistungen von geradezu mythischem Rang.

George Raft dachte, es brächte Unglück, auf der Leinwand zu sterben, und erst dadurch kam Humphrey Bogart zu seiner Rolle in *Entscheidung in der Sierra*; Raft war auch als Sam Spade für *Die Spur des Falken* vorgesehen, schlug die Rolle aber aus, weil er nicht genügend Vertrauen zu John Huston, dem jungen Regisseur, hatte.

Meine Jugendzeit kann ich anhand meiner damaligen Filmlieblinge zurückverfolgen; ich glaube, das geht den meisten Menschen so. Immer wenn ich Freunden und Kollegen erzählte, daß ich an einem Buch über die Helden der Leinwand schrieb, war ihre erste Reaktion die, daß sie die Namen ihrer eigenen Favoriten herunterratterten;

das Interessanteste daran ist vielleicht, daß es nur selten die ganz Großen waren. Mit zwölf war ich in einen unbedeutenden britischen Schauspieler namens Michael Rennie verliebt – er sah ein bißchen wie Montgomery Clift und ein bißchen wie Charlton Heston aus –, und ich weinte tagelang, nachdem ich ihn in *Die versunkene Welt* gesehen hatte, weil der Film in Farbe war und ich vorher nicht wußte, daß er graue Haare hatte. In Tab Hunter verliebte ich mich, als ich sein Bild in »Photoplay« sah, genau wie Judy Garland, die das Photo von Clark Gable anschaut und dazu singt: »Dear Mr. Gable, you made me love you . . .«

In jenen Tagen zu Beginn der sechziger Jahre konnte sich unser Städtchen noch eines Kinos rühmen, des »Century« nämlich, und nachdem ich über Michael Rennies graue Haare hinweggekommen war, wurde dies der Tempel, in dem ich Charlton Heston anbetete und in mein Taschentuch schluchzte, wenn El Cid zu seinem letzten Ritt entlang der Küste aufbrach. Ich hielt ihn für den Inbegriff all dessen, was edel und romantisch, vor allem aber *gut* war, vergleichbar höchstens mit Gregory Peck.

Dann wurde ich zum aufsässigen Teenager. Mein Freund und ich gingen in *Tom Jones*, wo ich mich vor allem auf den sich im Heu herumwälzenden Albert Finney konzentrierte. Darauf folgte *Gesprengte Ketten* mit Steve McQueen, Motorrad und Stacheldraht. Ihn liebte ich deswegen, weil er nicht gut und edel wie Charlton Heston, sondern verrückt und rebellisch war. Schließlich kam *Die Reifeprüfung* mit dem kleinen, krummnasigen Dustin Hoffman, der gerade noch rechtzeitig in die Kirche stürzt, um sich Katharine Ross zu schnappen, bevor sie den falschen Mann heiratet. Das war die romantischste Szene, die ich je gesehen hatte, und als ich einige Jahre später selbst vor dem Altar stand und den Mann neben mir eigentlich sehr gern heiraten wollte, sah ich mich trotzdem einen flüchtigen Augenblick lang als Katharine Ross, die darauf wartet, daß Hoffman hereinplatzt und sie im Bus entführt.

Sich an seine persönlichen Lieblinge zu erinnern, bedeutet immer auch ein vergnügliches Schwelgen in Nostalgie. Dank dieses Buches sind mir zahlreiche wundervolle Momente wieder im Gedächtnis aufgetaucht. Ich entsann mich, wie Eastwood als Mann ohne Namen am Anfang von *Für eine Handvoll Dollar* mit seinem Maultier über die Leinwand reitet, an Redford und Newman, die in *Zwei Banditen* Hand in Hand vom Felsen springen, und daran, wie Jimmy Stewart in *Der Mann, der Liberty Valance erschoß* sein Steak auf den Teller zurücklegt, um die Konfrontation zwischen Lee Marvin und John Wayne zu beenden. Die entsprechenden Szenen mit Jack Nicholson allein würden ganze Seiten füllen.

Viele der Prototypen tauchten zum ersten Mal in den dreißiger Jahren auf: Clark Gable war der bodenständige, normale Mann, dem sein sexuelles Selbstbewußtsein deutlich anzusehen ist, wenn er Vivien Leigh in *Vom Winde verweht* die Treppe hinaufträgt; Gary Cooper wurde der starke, schweigsame Held, der nur »Klar!« sagt und in *Mr. Deeds geht in die Stadt* die Werte des amerikanischen Westens verkörpert; James Stewart, liebenswert und linkisch, war der allzu optimistische Junge von nebenan, der »Ich will leben« ruft, als ihm der Engel Clarence Oddbody in *Ist das Leben nicht schön?* zeigt, wie schlecht es um die Welt bestellt wäre, wenn es ihn nie gegeben hätte. Außerdem war da noch der aufrechte Patriot Henry Fonda, der sich in *Faustrecht der Prärie* den Westen untertan macht, und der glatte, erfolgreiche Amerikaner Cary Grant. Es gab böse, aber liebenswerte Gangster wie James Cagney und bedrohlichere wie George Raft, dessen kriminelle Kontakte im wirklichen Leben einen zusätzlichen angsteinflößenden Reiz ausübten. Mit europäischen Schauspielern assoziierte man gute Erziehung, kultiviertes Benehmen und erotischen Charme wie bei Charles Boyer, Ronald Colman und Leslie Howard, deren Platz später von anderen eleganten Kontinentaleuropäern und chevaleresken, geistreichen Engländern wie David Niven, Rex Harrison, Michael Wilding, Louis Jourdan und Jeremy Irons eingenommen wurde.

In den vierziger Jahren kam dann der schlagfertige Privatdetektiv und hartgesottene Bursche, der nach einem strengen moralischen Codex handelt, fair und gerecht, aber nicht unbedingt legal. Das war Humphrey Bogart, der in *Die Spur des Falken* vor sich hinmurmelt: »Wenn einem der Partner umgelegt wird, muß man etwas unternehmen«. Ein paar Jahre später, Ende der vierziger Jahre, war es Robert Mitchum in *Goldenes Gift* mit zerknittertem Trenchcoat und der brennenden Zigarette im Mundwinkel. »Gibt es ein System, mit dem man gewinnt?« fragt *femme fatale* Jane Greer bei ihren tollkühnen Einsätzen am Roulettetisch, und Mitchums Antwort, bezogen auf das Leben im allgemeinen, lautet: »Es gibt ein System, mit dem man langsamer verliert.« Weder Mitchum noch Bogart – übrigens auch nicht John Garfield, ein anderer Star der Vierziger, der auf Ex-Hochstapler und ähnliche Anti-Helden spezialisiert war – waren im konventionellen Sinne schön. Ihre unvermutete Anziehungskraft auf das Publikum hatte zur Folge, daß Hollywood künftig eine größere Vielfalt an Typen als Hauptdarsteller einsetzte, häßlich und trotzdem attraktiv wie Dustin Hoffman und Al Pacino. Alan Ladd, der engelhafte Killer in *Narbenhand* und ebenso eiskalt wie seine Gegenspielerin Veronica Lake, ist wieder ein ganz anderes Kaliber und ebnete den Weg für Clint Eastwoods gewalttätigen Racheengel in Sergio Leones Spaghetti-

Western-Trilogie, *Für eine Handvoll Dollar, Für ein paar Dollar mehr* und *Zwei glorreiche Halunken* und für Alain Delon als den unbarmherzigen Gangster in *Borsalino* und *Der Clan der Sizilianer.*

Mit Marlon Brando, James Dean und Montgomery Clift, die alle in Lee Strasbergs Actors' Studio in New York (Method Acting) studiert hatten, kam eine ganz andere, ehrlichere Darstellung von Männlichkeit zum Zuge. Ihre Helden waren wie die des Bühnenautors Tennessee Williams gebrochene, komplexe, neurotische Charaktere, deren Konflikte eher die Realitäten des Lebens widerspiegelten als die Scheinwelt von Hollywood. James Dean blieb nicht die Zeit, etwas anderes zu sein als ein romantischer Held, aber auch in dieser Rolle vermittelte er als Jim Stark in *... denn sie wissen nicht, was sie tun* das Gefühl schrecklicher Einsamkeit und das verzweifelte Bedürfnis nach Liebe und Verständnis, mit dem sich viele Teenager identifizieren konnten. Es war das erste Mal, daß die Jugend auf der Leinwand ihren eigenen Helden gefunden hatte.

Dean war aber auch, wie Brando und Clift und später Newman und McQueen, in anderer Hinsicht wichtig. Die meisten herausragenden männlichen Stars vor ihnen waren sozusagen Naturtalente und auf einen bestimmten Stil festgelegt, der mehr oder weniger darauf hinauslief, daß sie sich selbst spielten. Die neue Spieltechnik und Wandlungsfähigkeit von Darstellern wie Brando war von entscheidender Bedeutung für den späteren Erfolg von »schauspielernden« Stars wie Jack Nicholson und Robert De Niro. In jüngster Zeit ist es durch den Feminismus zu weiteren Veränderungen in der Rolle des männlichen Stars gekommen – Frauen werden zunehmend eher als Subjekte denn als Objekte gesehen. Es gab im Film immer schon starke Heldinnen, für die ihr Partner, wie etwa Melvyn Douglas oder Franchot Tone, nur eine nette Beigabe war, aber das ist doch nicht ganz dasselbe wie ein moderner Leinwandheld, der aggressiv auftreten kann und das Mädchen trotzdem nicht bekommt. Kris Kristofferson als Gegenspieler von Ellen Burstyn in *Alice lebt hier nicht mehr* ist dafür ein gutes Beispiel; ebenso Alan Bates in *Eine entheiratete Frau*, der eigentlich alles ist, was sich Jill Clayburgh wünscht, für den sie sich aber dennoch nicht entscheiden kann und Julie Christies Liebhaber-Trio in *Die Herrin von Thornhill.* Dustin Hoffman spielt manchmal Rollen, bei denen sich der männliche Star in der Situation einer Frau befindet. In *Die Reifeprüfung* ist Ben das passive Objekt von Mrs. Robinsons Leidenschaft, in *Kramer gegen Kramer* kämpft er mit Meryl Streep um das Sorgerecht für den gemeinsamen Sohn, und in *Tootsie* ist er buchstäblich die Titelheldin. Man muß allerdings hinzufügen, daß Hoffman am Ende wieder ein ganz normaler Mann wird.

Trotzdem stehen Hoffmans Rollen in direktem Gegensatz zu den Abbildern dessen, was Sam Shepard »die Macho-Psyche des amerikanischen Mannes« nennt, ein Charakter, der am deutlichsten von Clint Eastwood in *Dirty Harry* samt Fortsetzungen verkörpert wird. Auch Woody Allen ist ein interessanter Fall, denn obwohl er langsam kahl wird, eine Brille trägt, den Neurotiker spielt und nach den alten Hollywood-Kriterien überhaupt kein Star sein dürfte, hat er im Kino wie im Leben jede Menge bezaubernder Partnerinnen, etwa in seiner geradezu klassischen Beziehung zu Diane Keaton.

Vielleicht macht wirkliche Liebe Leinwandromanzen noch überzeugender, zumindest in den Augen des Publikums. Dabei gibt es zwei verschiedene Möglichkeiten. Die eine ist die, daß Liebende, die Liebende spielen, eine Ausstrahlung haben, die den ganzen Film unvergeßlich macht: Clara Bow und Gary Cooper in *Children of Divorce*, Marlene Dietrich und ihre diversen Männer – Gary Cooper in *Marokko*, James Stewart in *Der große Bluff* und John Wayne in *Stahlharte Fäuste.* Ebenso funkte es zwischen Clark Gable und Loretta Young in *Goldfieber in Alaska* sowie zwischen ihm und Joan Crawford in *Love on the Run* (»Er hatte Mumm!« sagte sie später). Diese Tradition setzte sich nach dem Krieg fort: Montgomery Clift und Liz Taylor hatten bei den Dreharbeiten zu *Ein Platz an der Sonne* angeblich eine Affäre, Steve McQueen und Ali MacGraw waren ein Paar, als sie *Getaway* drehten, ebenso Donald Sutherland und Jane Fonda bei *Klute.* Unvergeßlich sind Bogart und die Bacall.

Andererseits können Liebende, die Liebende spielen, oft eine so geschlossene Einheit darstellen, daß darin kein Platz mehr für den Zuschauer bleibt. Und es gibt keinen Zweifel, daß sich emotional stark aufgeladene Romanzen auch ohne persönliche erotische Spannung darstellen lassen, wie etwa die zwischen Humphrey Bogart und Ingrid Bergman in *Casablanca.* Anscheinend gefiel er ihr privat sehr, war aber seinerseits nicht interessiert. Es gibt eine Konstante, nämlich das romantische Element. Es entzieht sich vielleicht einer genauen Definition, aber es spricht für sich selbst. Ich würde nicht sehr weit kommen, wenn ich versuchte zu erklären, daß die Anziehungskraft von Humphrey Bogart in seinen wunderbaren Augen und seinem kantigen Gesicht liegt, aber das ist auch gar nicht nötig, wenn ich Sie an die Szene in *Casablanca* erinnere, in der er Ingrid Bergman ansieht und sagt: »Wir haben immer noch Paris.«

DIE STUMMFILM-ÄRA

Die zwanziger Jahre waren die Zeit der überlebensgroßen Persönlichkeiten – Flieger, Sportler, Staatsmänner, Jazz-Musiker und Verbrecher –, deren Aktionen und Heldentaten in den sich damals rapide entwickelnden Medien dominierten. Filmidole jedoch, mit ihrer stilisierten Schönheit, ihrer Fremdartigkeit und ihrem oft phantasievoll erdichteten Hintergrund, waren am interessantesten. Schon ihre stumme Erscheinung verlieh ihnen eine außergewöhnliche, rätselhafte und romantische Aura, und ihre übertriebenen Gesten schienen Leidenschaft und Gefühl auszudrücken, die jenseits all dessen lagen, was normale Sterbliche kannten.

Das Star-System war im vorangegangenen Jahrzehnt entstanden. Bis 1908, als die Filmindustrie von der diktatorischen und monopolistischen Motion Picture Patents Company beherrscht wurde, einem Zusammenschluß der zehn führenden Filmgesellschaften, hatte es keine Stars gegeben. Das Unternehmen ging von der richtigen Annahme aus, daß ein Star mehr Geld verlangen würde als ein anonymer Schauspieler, und selbst die beliebtesten Darsteller waren nur unter dem Namen der Figur, die sie verkörperten, etwa als »Little Mary«, oder dem ihres Studios, wie das »Biograph Girl«, bekannt. Als sich aber das Kino von seinem schäbigen Image befreite und für das aufstrebende, materialistische Amerika zum Instrument der Massenunterhaltung mauserte, kamen mächtige und wohlhabende, unabhängige Produzenten wie Louis B. Mayer und William Fox, die auch gern mitmischen wollten, immer mehr zu der Einsicht, daß die zusätzlichen Kosten für einen Star sich an den Kinokassen in klingender Münze auszahlen würden.

Das Biograph Girl, das ihr Promoter Carl Laemmle, Einwanderer und Kleiderhändler, dem Publikum unter ihrem richtigen Namen Florence Lawrence präsentierte, wurde der erste Star, und innerhalb von ein paar Jahren konnten Mary Pickford und Charlie Chaplin Millionenverträge abschließen. Filmschauspieler wurden zu glanzvollen Persönlichkeiten, deren Leben und Lieben für die ganze Nation Gesprächsstoff bot; Presseabteilungen schossen als Reaktion auf die leidenschaftliche Neugier der Öffentlichkeit wie Pilze aus dem Boden, und »Photoplay«, das erste Fan-Magazin, fand massenhaft Nachahmer.

Zu Beginn der zwanziger Jahre spiegelte Hollywood die Verhaltensweisen und Normen der emanzipierten Nachkriegsfrau wider, die durch die Arbeit in der Rüstungsindustrie unabhängig geworden war, endlich das Stimmrecht erhalten hatte und nicht willens war, zu einer Existenz zurückzukehren, die sich nur um häusliche Belange drehte: sie wollte berufstätig sein, rauchte und trank, benutzte Make-up – trug aber kein Korsett – und kürzte ihre Röcke. Scott Fitzgerald schrieb über die jüngere Generation, für sie gelte »Alle Götter tot, alle Kriege geführt, alles Vertrauen in die Menschheit erschüttert«. Die neue Freiheit drückte sich auch in einer ungezwungeneren Einstellung zur Sexualität aus. Sie kam zum Beispiel auf einem Werbezettel für *Der Scheich*, 1921, auf eine Weise zur Sprache, die vor dem Krieg völlig undenkbar gewesen wäre: »Er wollte nur das Eine, und sie wußte, was es war, und daß es nur eine Frage der Zeit wäre, bis er es bekam.« So trat Valentino, der für seine Zeitgenossen »zum Symbol all dessen wurde, was auf der Welt wild und wunderbar und verboten ist«, seine kurze, aber phänomenale Laufbahn an. Die Männer imitierten sein glattgekämmtes, schwarzes Haar, seine eleganten Posen und sein schwüles Liebeswerben: Autorücksitze verwandelten sich in parfümierte Zelte, Zeitungsartikel wetterten über den Einfluß fremdländischer Schönlinge auf unverdorbene junge Amerikaner, und es gab eine Flut von Valentino-Kopien wie Ricardo Cortez, Rod La Rocque und Antonio Moreno.

Valentino war nicht der einzige, der den Stil der Männer beeinflußte. Douglas Fairbanks sen., ganz der tatkräftige, draufgängerische Typ, vereinigte in sich die Sportlichkeit eines Olympiateilnehmers und den Moralkodex eines Pfadfinders. Als robuster Durchschnittsmann war er im Kampf gegen die Verweichlichung durch die Europäer geradezu die Idealbesetzung. Dann gab es noch den jungenhaften Ramon Novarro, der sanfter und weniger bedrohlich wirkte als Valentino, und John Gilbert, dessen unbekümmerte Männlichkeit schon andeutungsweise die Qualität von Männern wie Clark Gable, Errol Flynn und Gérard Philipe erreichte. Gilbert begann zwar als romantischer Liebhaber, aber sein erfolgreicher Umstieg in die Rolle des leidenschaftlichen Garbo-Partners gab den amerikanischen Männern vielleicht das Selbstvertrauen zurück, das sie in der Phase, als der exotische Liebhaber noch alles war, eingebüßt hatten.

Im Kino ging es mittlerweile gepfefferter zu. In die neuen, feudalen Lichtspielpaläste strömte ein Publikum, das sich über Filme amüsieren wollte, die sich eher mit den fleischlichen als mit den geistigen Genüssen des Lebens beschäftigten. Richard Barthelmess verkörperte in Streifen wie *David, das Muttersöhnchen* von 1921 zwar noch die viktorianische Tradition von Unschuld und Keuschheit, aber andere Filme wagten tatsächlich einzugestehen, daß Lust ein verzeihlicher, wenn nicht gar ein angenehmer Impuls ist, und daß Verheiratete, die auch für andere Menschen Augen haben, nicht unbedingt unmoralisch oder gar beklagenswert sind. Von Kirche und Privatleuten mochten zwar Feldzüge gegen solche moralisch verwerflichen Exzesse dieses neuen Freizeitvergnügens geführt werden, aber das beeinträchtigte den Andrang der Zuschauer nicht.

Den Zweideutigkeiten auf der Leinwand folgten bald darauf saftige Privatskandale. Anfang der zwanziger Jahre wurde Hollywood durch eine Reihe von Ereignissen erschüttert, die seine Angreifbarkeit durch die Moralapostel deutlich machte. Fatty Arbuckle wurde wegen Totschlags der Virginia Rappe vor Gericht gestellt, die nach einer seiner Parties in einem Hotel in San Francisco übel zugerichtet aufgefunden wurde. Obgleich er freigesprochen wurde, machte man ihn zum Sündenbock, und ängstliche Produzenten verbannten ihn für immer von der Leinwand. Auch Wallace Reids plötzlicher Tod im Jahre 1923 wurde nachträglich zum Skandal, als man entdeckte, daß er Drogen genommen hatte, die in der Welt des Films jederzeit verfügbar waren. Als Hollywood zum Synonym für massenhafte Ausschweifungen im ganz großen Maßstab wurde, beschloß die Filmindustrie, sich lieber selbst zu zensieren, als diesen Job Außenstehenden zu überlassen, die sich danach schon die Finger leckten, und boten Postminister Will Hays ein Jahresgehalt von 100 000 Dollar für die Leitung von Motion Picture Producers and Distributors of America Inc., einer Organisation, die die Moral in der Filmbranche überwachen sollte. Unter der Abkürzung »Hays Office« bekannt, verbreitete sie in Hollywood eine Atmosphäre lähmender Wohlanständigkeit, die dennoch Filme von bemerkenswerter Finesse hervorbrachte.

RUDOLPH VALENTINO

Noch sechzig Jahre nach seinem Tod ist Valentinos Name Synonym für schwüle, exotische Leidenschaft, und er bleibt ein erotisches Phänomen, an dem sich seine Nachfolger unweigerlich messen lassen mußten. Weil seine Spieltechnik den Erfordernissen des Stummfilms gemäß war und heute fast lächerlich auf uns wirkt, unterschätzen wir leicht den überwältigenden Einfluß, den er auf seine Zeitgenossen hatte. Seine Anziehungskraft bestand in der Fähigkeit, Hochspannungserotik mit unterschwelliger »politesse« zu kombinieren; er mochte zwar wohlerzogene junge Damen auf hinreißende Weise verführen, aber danach lebten beide glücklich bis an ihr Lebensende. Die Quintessenz aller Valentino-Rollen war die des Scheichs Ahmed Ben Hassan neben Agnes Ayre als Lady Diana in *Der Scheich,* einem hochromantischen Drama, das dem Nachkriegspublikum das perfekte Beispiel für schwärmerisch-sexuellen Eskapismus lieferte. Sein unbeholfenes Werben um Lady Diana, halb bekleidet, mit feuchten Augen und weit geblähten Nasenflügeln, war von einer Starqualität, die Valentinos sexuelle Anziehungskraft sowohl als Raubtier wie auch als Beschützer illustrierte.

Als Sohn eines süditalienischen Tierarztes war Rudolph Valentino mit achtzehn Jahren allein in die USA gekommen und mußte dann in Hollywood eine lange Lehrzeit absolvieren, indem er in einer Reihe belangloser Filme den romantischen Schurken spielte, bis er 1921 in *Die vier apokalyptischen Reiter,* einem von Metros größten Kinoerfolgen, zum Zuge kam. Der Regisseur Rex Ingram gab ihm die Rolle des Julio, eines liebenswürdigen Taugenichts, der im Ersten Weltkrieg geläutert wird. *Der Scheich* brachte Valentino eine so leidenschaftliche weibliche Anhängerschaft ein, wie es sie nie wieder gegeben hat, und fünf Jahre lang war er in Kassenschlagern wie *Blood and Sand, The Eagle* und *The Son of the Sheikh* der große Liebhaber, obgleich andere Filme, etwa *Mit Pinsel und Degen* nicht so gut aufgenommen wurden, wahrscheinlich,

LINKS: Pressephoto für *A Sainted Devil,* 1924

weil er darin weichlichere Charaktere spielte.

Zum Bedauern des Studios und seines Publikums verlief Valentinos Privatleben nicht seinem Image gemäß. Seine erste Ehe mit Jean Acker dauerte nur einen Tag, während seine zweite Frau, Natasha Rambova, ihn gnadenlos unter dem Pantoffel hatte; gegen Ende seines Lebens wurde er zum Gegenstand der Verachtung von seiten heterosexueller Männer und in der Presse als »rosa Puderquaste« verdammt. Es gab später viele Spekulationen über seine Sexualität; ob zum Beispiel die Rambova lesbische Neigungen hatte, die seine latente Homosexualität durchbrechen ließen, oder ob Valentino ein Vorläufer der zeit-

LINKS: beim Tanz mit Natasha Rambova, ca. 1924

UNTEN: aus *Der Scheich,* 1921, mit Agnes Ayres

genössischen androgynen Typen war, wie etwa David Bowie oder Boy George. Jedenfalls erlag Valentino, schwer verschuldet und den Gipfel seiner Laufbahn schon hinter sich, im Alter von einunddreißig Jahren am 23. August 1926 in New York einer Peritonitis. Sein früher Tod war tragisch, kam aber wahrscheinlich zur rechten Zeit. Tausende gramgebeugter Frauen verhalfen ihm zu einem Begräbnis von legendärer Extravaganz, und sein mythischer Status war endgültig gesichert.

RECHTS: aus *A Sainted Devil,* 1924, mit Nita Naldi
UNTEN: aus *Mit Pinsel und Degen,* 1924, mit André Daven
GEGENÜBER: aus *The Son of the Sheikh,* 1926, mit Vilma Banky

WALLACE REID

Wallace Reid war der typische amerikanische Junge – groß, blauäugig und immer leicht zerzaust –, der auf der Leinwand oft bei waghalsigen Verfolgungsjagden im Auto zu sehen war, wobei seine schlaksigen Glieder, die um irgendwelche rasanten alten Schlitten herumbaumelten, wie Auswüchse der Maschinerie wirkten. Sein Fahrstil trug ihm den Spitznamen »Good-time Wally« ein, eine etwas unglückliche Wahl, wenn man bedenkt, wieviel Pech er später hatte: 1919 verunglückte er auf dem Höhepunkt seiner Karriere auf dem Weg zu einem Drehort, und von den Morphiumspritzen, mit denen er seine Schmerzen betäubte, um weiterfilmen zu können, wurde er süchtig. Das hatte schon bald ernste Folgen, und er machte es noch schlimmer, indem er zu trinken begann.

Seine Laufbahn beim Film entsprach der Familientradition; sein Debüt hatte Reid als Vierjähriger zusammen mit seinen Eltern auf der Bühne, und seine ersten Filme drehte er für die Gesellschaft in Chicago, bei der sein Vater als Drehbuchautor arbeitete. Er trat in zahlreichen Produktionen anderer Studios auf, führte manchmal auch Regie und heiratete eine seiner häufigen Leinwandpartnerinnen, Dorothy Davenport.

Seinen Durchbruch hatte Reid 1915 in *Die Geburt einer Nation,* und die nächsten Jahre war er als »König von Paramount« bekannt und Hauptdarsteller in Filmen wie *Valley of the Giants,* 1919, *The Affairs of Anatol* und *Forever,* 1921. Das Publikum sah ihn jedoch am liebsten in Durchschnittskomödien, die auf sein Image als fescher, amüsanter Begleiter aufbauten, den das schlichte Mädchen von nebenan gern seiner Mami vorstellen möchte. Die Realität sah natürlich anders aus, und er starb mit zweiunddreißig in einem Sanatorium. Sein früher Tod erregte Aufsehen und brachte Hollywood schließlich die Einführung des Hays-Code.

LINKS: aus *The Affairs of Anatol,* 1921
GEGENÜBER: aus *Der Dieb von Bagdad,* 1924, mit Julanne Johnston

DOUGLAS FAIRBANKS Sr

Fairbanks sen. war ein perfektes Exemplar der menschlichen Gattung, eine Mischung aus tänzerischer Vitalität, exzellenter Körperbeherrschung und umwerfend gutem Aussehen: wallende dunkle Locken, das Grinsen eines Seeräubers und eine Menge attraktiver Fältchen um die Augen. Er war ein erfolgreicher Athlet und waghalsiger Turner, der nie auf die übliche Weise um ein Mädchen anhielt: seinen Liebeserklärungen oder Heiratsanträgen ging immer eine Reihe von Schwertkämpfen, gefahrvollen Reisen und übernatürlichen Glanzleistungen im Bergsteigen oder Reiten voraus. Außerdem war er stets schrecklich ehrenwert, wie etwa in *Der Dieb von Bagdad,* wo er sich mit dem Selbstvertrauen eines Fassadenkletterers und der Ehrbarkeit eines Pfarrers in das Schlafzimmer der Prinzessin schleicht.

Die völlig ungebrochene Leinwandpersönlichkeit von Fairbanks sen. war die eines schneidigen, unprätentiösen, liebenswerten jungen Haudegens – das genaue Gegenteil von Valentino, obgleich auch er im Kostümfilm in seinem Element war. Als Typ des Freibeuters spielte er sich in einer großartigen Kollektion von Reit- und Haremshosen, Schaftstiefeln, Schnallen, Gürteln und breitkrempigen Hüten durch Filme wie *Robin Hood, The Gaucho* und *Die eiserne Maske.* Seine tollkühnen Aktionen auf der Leinwand befriedigten das Bedürfnis der Amerikaner nach Romantik und Abenteuer, und die Anziehungskraft seiner Phantasiegestalten war groß, nicht nur für Frauen, die sich danach sehnten, von ihm errettet zu werden, sondern auch für Jungen und Männer, die die ihn umgebende Aura von fröhlicher Kraft, sauberem Charakter und Schalkhaftigkeit bewunderten. Valentino hätte die Schwäche einer Frau ausgenutzt; Dougs Leinwand-Image beruhte darauf, daß er so etwas nie tun würde. Selbst Väter hätten ihn abends gern mit ihren Töchtern ausgehen lassen. Sein Erfolg und seine Popularität wurden durch seine Romanze mit Mary Pickford, Amerikas »Kleinem Liebling«, noch größer, und

OBEN: aus *Die drei Musketiere,* 1921, mit Barbara La Marr
RECHTS: aus *Der schwarze Pirat,* 1926

obwohl beide erst ihren bisherigen Ehepartnern den Laufpaß geben mußten, ehe sie 1920 heirateten, nahm ihre Beliebtheit durch diese Verbindung eher zu als ab. Tausende von schwärmerischen Fans erlebten ihre Flitterwochen in Europa mit, und sie wurden zur Familie Nummer 1 in Hollywood.

Fairbanks selbst war ziemlich unkonventionell aufgewachsen. Dem jüngsten von drei Söhnen, die alle sehr an ihrer Mutter, einer Schönheit aus dem Süden, hingen, fehlte die Vaterfigur, die er sich zum Vorbild hätte nehmen können; vielleicht eine Erklärung dafür, daß er auch als Erwachsener noch sehr jungenhaft wirkte. Die Familienbande waren sehr eng, und John und Robert, seine zwei älteren Brüder, arbeiteten später beide in Dougs Filmimperium.

Nach erfolglosen Kurzaufenthalten in Harvard – wo er die meiste Zeit in der Sporthalle zugebracht zu haben scheint – und in der Wall Street erinnerte sich der junge Fairbanks an die Leidenschaft seiner Kindheit fürs Theaterspielen. 1915 ging er in den Westen und verdiente dort mit akrobatischen Spektakeln bei der Triangle Film Company 2000 Dollar die Woche, bevor er Anfang der zwanziger Jahre in säbelrasselnden Abenteuergeschichten seine Heldenrollen spielte: einen Fechter in *Das Zeichen des Zorro,* D'Artagnan in *Die drei Musketiere,* den geächteten Grafen von Huntingdon in *Robin Hood* und den Herrn der Diebe in *Der Dieb von Bagdad.*

Als der Tonfilm aufkam, war Fairbanks über vierzig, und obwohl es an seiner Stimme nichts auszusetzen gab, war er zu sehr in seiner Ära verwurzelt, um sich auf die neuen Spieltechniken einzustellen. 1934 ging seine Ehe mit Mary Pickford in die Brüche, und er setzte sich zur Ruhe; nur fünf Jahre später starb er an einem Herzschlag. Seine Filme überdauern als Zeugnisse sportlichen Ideenreichtums, der sich mit heutigen Leistungen wie etwa dem Eistanz von Torvill und Dean messen kann, und wirken trotz der Kostüme weder lächerlich noch unglaubwürdig.

OBEN: aus *The Private Life of Don Juan,* 1934
LINKS: aus *Don Q Son of Zorro,* 1925, mit Mary Astor

RECHTS: aus *Der Widerspenstigen Zähmung,* 1929, mit Mary Pickford
UNTEN: aus *Der schwarze Pirat,* 1926

RICHARD BARTHELMESS

Richard Barthelmess war einer der wenigen Stummfilmstars, die auch im Tonfilm noch Erfolge hatten, und er schaffte den Übergang wegen seiner schauspielerischen Fähigkeiten wie wegen seines guten Aussehens. Sein klassischer Stummfilmpart war *David, das Muttersöhnchen,* in dem er die Hauptrolle spielte, einen netten, harmlosen Burschen mit einem ungeahnten Anflug von Härte und Mut, der über ungünstige Umstände den Sieg davonträgt. Er war der erste Vertreter eines Typs, der später in der Generation Gary Coopers dominieren sollte.

Als New Yorker Junge, der als Komparse angefangen hatte, bekam er seine erste romantische Hauptrolle 1919 als der Gelbe Mann in D. W. Griffiths *Gebrochene Blüten.* Seine Partnerin war Lillian Gish, die ebenfalls Barthelmess' sanfte, unschuldige viktorianische Schönheit und seine subtile emotionale Zurückhaltung hatte. Ein Jahr später waren die beiden in *Weit im Osten* wiederum ein Paar. In der letzten dramatischen Sequenz kämpft die Gish in einem eisigen Fluß um ihr Leben, während Barthelmess im Schneesturm nach ihr sucht und sie gerade noch rettet, bevor sie von tödlichen Wasserfällen mitgerissen wird. Fleißig und attraktiv wie er war, filmte er die ganzen zwanziger Jahre hindurch und schaffte 1927 bei der ersten Oscar-Verleihung zwei Nominierungen als bester Schauspieler. Im Tonfilm übernahm er erfolgreich einige riskante Rollen, darunter die eines drogensüchtigen Kriegsveteranen in *Heroes for Sale* und eines desillusionierten Ex-Fliegers in *The last Flight.* Sein bester Tonfilm war *SOS – Feuer an Bord,* wo er an der Seite von Rita Hayworth einen Piloten spielt. 1939 gedreht, als sich das Ende seiner Karriere bereits abzeichnete, war dies ein erfolgreicher Ausklang.

RECHTS: Studioporträt, ca. 1935, Photograph: William Walling

RAMON NOVARRO

Ramon Novarros besondere Vorliebe für schneidige Kostümrollen zeigte sich am deutlichsten 1926 bei seinem Auftritt in *Ben Hur,* wo er die Muskeln spielen lassen konnte. Er war der Sohn eines reichen mexikanischen Zahnarztes und hatte die glutäugige Schönheit und die gelackte Frisur eines Valentino, aber bei ihm war der südländische Liebhaber locker, beschwingt, und, verglichen mit Valentinos ungezügelter Intensität, sogar leicht ironisch. Sein jungenhaftes, anziehendes Gesicht mit den ausgeprägten Knochen sah unter einem Helm einfach großartig aus.

Seine Geschicklichkeit im Degenschwingen bewies Novarro zunächst 1922 als Rupert von Hentzau, der Bösewicht mit dem Monokel in *Im Schatten der Krone,* und in der Hauptrolle von *Scaramouche* rasselte er ebenfalls virtuos mit dem Säbel. Weltweit vergöttert wurde er jedoch als Liebender in *Where the Pavement Ends,* 1923, wo er einen Eingeborenenjungen spielte, der nach einer Missionarstocher, Alice Terry, verrückt ist. Im nächsten Jahr etablierte er sich als Exote in *The Arab,* einem schamlosen Abklatsch von *Der Scheich.* Doch seine beste Leistung bot er erst 1927 in der Hauptrolle von *Alt Heidelberg* an der Seite von Norma Shearer, ein Jahr, nachdem er *Ben Hur* gedreht hatte.

Zu Beginn der dreißiger Jahre war sein Stern im Sinken, und der Alkohol gab ihm den Rest. Wie so viele Stummfilmstars geriet er in der ihnen fremden Welt des Tonfilms in Vergessenheit und trat Ende der vierziger Jahre noch einmal in kleinen Charakterrollen auf. Im Nachhinein und ziemlich zu Unrecht als zweitklassiger Valentino abgetan, starb er 1968 im Ruhestand unter äußerst tragischen Umständen. Als reicher, alternder ewiger Junggeselle wurde er im Oktober 1968 von zwei Jungen ermordet, die es nur auf sein Geld abgesehen hatten.

GEGENÜBER: Studioporträt, ca. 1929, Photograph: George Hurrell
OBEN: aus *The Pagan,* 1929, mit Dorothy Janis
LINKS: aus *Mata Hari,* 1931, mit Greta Garbo

JOHN GILBERT

Gilbert war als der große Stummfilmliebhaber unumstrittener Nachfolger von Valentino, seit er neben Greta Garbo die Hauptrolle in *Das Fleisch und der Teufel* spielte. Es war der Beginn, im Film wie privat, einer der romantischsten Verbindungen aller Zeiten; betört von ihr, umwarb er sie und hielt mehrfach um sie an; aber sie wies ihn wiederholt ab und bestritt später, daß sie überhaupt je eine Affäre gehabt hätten. Auf der Leinwand war er ungestüm und feurig, mit einer jugendlichen Offenheit und einem strahlenden Lächeln, das ihn von dem eher bedrohlich wirkenden Valentino unterschied; sein einziger Makel, eine furchtbar große Nase, schien ihn noch anziehender zu machen. In vieler Hinsicht war er mit seiner unkomplizierten, handfesten, maskulinen Energie ein Vorläufer von Gable und Errol Flynn. Ironischerweise erinnert man sich heute jedoch weniger an Gilberts klassische Stummfilmrollen als an das tragische und rapide Abbröckeln seiner Karriere zu Beginn der Tonfilmära.

Als Sohn eines Lustspielautors nutzte er familiäre Kontakte, um seinem glanzlosen Job als Gummiwarenverkäufer zu entkommen, und fand schon im Teenageralter Arbeit als Kleindarsteller. Über mehrere belanglose Filme stieg er allmählich zum fest angestellten Star bei Fox auf und trat dann die erfolgreichste Phase seiner Laufbahn bei MGM an, wo er in einer Reihe von Kassenschlagern mitspielte: *He Who Gets Slapped, Die lustige Witwe, Die große Parade* und *La Bohème*.

1927 drehte Gilbert seinen ersten Film mit der Garbo, *Das Fleisch und der Teufel,* gefolgt von *Liebe,* 1927, und *A Woman of Affairs,* 1929. Er wurde mit Fanpost überschwemmt und Lieblingsobjekt der Klatschkolumnisten. Nachdem er schon einmal verheiratet und geschieden war, rächte er sich an der Garbo für ihre abweisende Haltung, indem er sich wieder verehelichte, aber mit einer anderen.

GEGENÜBER: Studioporträt, ca. 1928, Photographin: Ruth Harriett Louise
OBEN: aus *Wife of the Centaur,* 1924, mit Aileen Pringle
LINKS: aus *La Bohème,* 1926, mit Lillian Gish

Sein letzter Stummfilm, *Desert Nights,* kam 1929 heraus, und danach ging es bergab. Sein Tonfilmdebüt in der Balkonszene aus Romeo und Julia in *The Hollywood Revue* von 1929 war schon kein Erfolg, aber das endgültige Aus bedeutete *His Glorious Night,* auf den das Publikum mit verlegenem Kichern oder offener Belustigung reagierte. Im Gegensatz zu einer weit verbreiteten Fehleinschätzung scheiterte Gilbert nicht daran, daß seine Stimme lächerlich hoch gewesen wäre; tatsächlich sprach er mit einem völlig akzeptablen hellen Tenor. In Wirklichkeit machte seine Unfähigkeit, sich den neuen, veränderten Spieltechniken anzupassen, und sein Dauerkonflikt mit Louis B. Mayer seine Laufbahn zunichte. Er erfüllte seinen Vertrag bis zum Ende, drehte sogar annehmbare Filme, aber sein Selbstvertrauen war dahin. Er war immer ein starker Trinker gewesen, und 1936 trank er sich schließlich zu Tode.

OBEN: aus *Das Fleisch und der Teufel,* 1927, mit Greta Garbo

NILS ASTHER

Der dunkeläugige Asther brachte so manche von Hollywoods großen Damen in Versuchung; die bekanntesten waren Greta Garbo, Pola Negri, Joan Crawford und Barbara Stanwyck. Der hübsche schwedische Junge, der durch Mauritz Stiller, Greta Garbos Mentor, zum Film gekommen war, spielte noch im selben Jahr, 1929, als Gegenpart zu ihrer verhängnisvollen Schönheit die exotische männliche Sirene: einen verführerischen javanischen Prinzen in *Wild Orchids,* der versucht, sie ihrem reichen, alternden Ehemann abspenstig zu machen, und einen Maler, der in *The Single Standard* mit ihr in die Südsee durchbrennt.

Um die Jahrhundertwende in Skandinavien geboren, hatte Asther sein Debüt am Kopenhagener Theater und drehte Filme in Deutschland, bevor er 1927 nach Hollywood aufbrach. Einer seiner ersten wichtigen romantischen Filme war *Our Dancing Daughters* von 1928 mit einer Crawford als Hauptdarstellerin, die so rein wie frisch gefallener Schnee wirkte, und in dem seine Moral durch den Charleston untergraben wird. In den letzten Jahren des Stummfilms war er einer von Hollywoods beliebtesten Leading Men. Mit seinem starken schwedischen Akzent fiel Asther jedoch dem Tonfilm zum Opfer, obgleich er monatelang Englisch lernte, um MGM davon zu überzeugen, daß er trotzdem eine Zukunft hätte. Trotz seiner sinnlichen Ausstrahlung als chinesischer Kriegsherr in *The Bitter Tea of General Yen,* 1933, der eine überraschte Barbara Stanwyck in erotische Wonnen versetzt, verlief seine Karriere im Sande, und er arbeitete in Billig-Produktionen und als Lastwagenfahrer, bevor er 1959 nach Schweden zurückkehrte.

RECHTS: Studioporträt, 1929; Photographin: Ruth Harriett Louise

JOHN BARRYMORE

Barrymore, in seinen besten Jahren einer der großen tragisch-romantischen Stummfilmheroen, war eine mutwillige, spritzige Leinwandpersönlichkeit, gleichzeitig aber hatte er einen Hang zur Selbstzerstörung, der schon mit starkem Alkoholkonsum des Teenagers begonnen hatte und ihn schließlich zum Alkoholiker machte. Sein aristokratisch gutes Aussehen trug ihm den Spitznamen »The Great Profile« ein, und privat lebte er die Rolle des eingefleischten Frauenhelden, indem er viermal heiratete und zahlreiche skandalöse Affären hatte.

Barrymores Hintergrund war stark vom Theater geprägt. Sein Vater, der aus der englischen Oberschicht stammte, war zum Entsetzen seiner Familie zur Bühne gegangen, und seine Mutter war die Schauspielerin Georgiana Drew. Ihr Tod hatte auf den erst zehnjährigen John eine verheerende Wirkung, und mit fünfzehn war er schon vom Alkohol abhängig. Er arbeitete zwar zunächst als Karikaturist, folgte aber dann der Familientradition und ging 1903 zum Theater am Broadway. Barrymore entwickelte sich zu einem der meistbewunderten Bühnenschauspieler seiner Zeit und hielt diese Stellung auch noch jahrelang, nachdem er erfolgreich zum Film übergewechselt war. Internationalen Ruhm erlangte er 1920 mit *Dr. Jekyll and Mr. Hyde*, und 1924 drehte er an der Seite von Mary Astor, die damals gerade siebzehn war, *Beau Brummel*. Sie begannen eine leidenschaftliche Romanze, aber zwei Jahre später verliebte er sich in die neunzehnjährige Dolores Costello, seine Partnerin in *The Sea Beast*, der Kinofassung von Melvilles Roman »Moby Dick«. Er gab Mary Astor den Laufpaß und machte mit fünfundvierzig die Costello zu seiner dritten Ehefrau.

Erwartungsgemäß stellte sich Barrymore ohne Mühe und mit Erfolg auf den Tonfilm um. Seinen ersten entsprechenden Auftritt hatte er 1929 in *The Show of Shows*. Jetzt machte sich seine Bühnenerfahrung bezahlt, und die frühen dreißiger Jahre waren für ihn eine gute Zeit; in *Menschen im Hotel*, 1932, spielte er

LINKS: Pressephoto für *Menschen im Hotel*, 1932

neben Greta Garbo, die später bemerkte, Barrymore besäße den »göttlichen Wahnsinn« aller großen Künstler. Sein Trinken verursachte jedoch zunehmend Probleme. Er brauchte jetzt schon Spickzettel, um sich einen Dialog zu merken, und nachdem er *Romeo und Julia* abgedreht hatte, begab er sich in eine Klinik, um trocken zu werden. Seine letzten Jahre waren von finanziellen Schwierigkeiten bestimmt, die ihn zweifellos veranlaßten, zum Theater zurückzukehren, wo er in ein paar sehr schlechten Stücken spielte und durchfiel, bevor er 1942 an Lungenentzündung starb.

LINKS: aus *Tempest,* 1928, mit Camilla Horn
UNTEN: aus *Eternal Love,* 1929, mit Camilla Horn

RECHTS: aus *Menschen im Hotel,* 1932, mit Greta Garbo
UNTEN: aus *Napoleon am Broadway,* 1934, mit Carole Lombard
GEGENÜBER: Pressephoto für *Napoleon am Broadway,* 1934

DIE ZEIT DER GROSSEN STUDIOS

Fünf Produktionsateliers in Hollywood beherrschten in den dreißiger Jahren das amerikanische Kino. Paramount, Warner Brothers, 20th Century Fox, MGM und RKO – Die Großen Fünf – waren nicht nur für den weltweiten Verleih ihrer Filme zuständig, sondern ihnen gehörten auch die Lichtspielhäuser, und damit kontrollierten sie den Film von Anfang bis Ende. Darin lag eine gewisse Ironie. Obwohl von Europäern geführt – die Studio-Moguln waren entweder jüdische Einwanderer oder deren Söhne –, zeigten die Filme dennoch das Bild, das Amerika von sich selbst hatte. Die Zuschauer, die sich überwiegend aus der Arbeiterklasse rekrutierten, waren glühende Verfechter des Amerikanischen Traums, wie man ihn auf der Leinwand sah; sie übernahmen seine Weltanschauung und sein Menschenbild und auch sein Verständnis von Männlichkeit. Das entsprach allerdings in den meisten Fällen der Vorstellung eines Emporkömmlings von robuster Kumpelhaftigkeit.

Mittlerweile gab es in der Welt bedenkliche Entwicklungen: das schreckliche Erstarken der Nazis in Deutschland und die wachsende Gewaltherrschaft Stalins in der Sowjetunion. Amerika hatte zu Beginn des Jahrzehnts zwölf Millionen Arbeitslose. Während die Erinnerung an den Ersten Weltkrieg – den Großen Krieg – noch frisch war, schien ein nächster Konflikt schon unausweichlich. Davon ist den Filmen jener Zeit jedoch wenig anzumerken. »Remember My Forgotten Man« aus *Goldgräber* von 1933 ist einer der unvergeßlichen Songs aus der Zeit der Depression; aber viel häufiger ermutigte Hollywood das willige Publikum, sich in opulent ausgestattete Musicals, verschwenderisch gefilmte Historienschinken, Salonkomödien, Gangstergeschichten und seichte Literaturadaptionen zu flüchten. Die Stars waren meistens so wie die Filme: schöne, romantische, spannende Konfektionsware. Standphotographen verkauften die Traumbilder aus diesen Filmen, Reflexe einer Illusion von Liebe, Glanz und Luxus, die den Menschen den Glauben an ein besseres Leben und dessen Erreichbarkeit gab. Gleichzeitig verschwammen bei der Behandlung von Stars und der wachsenden Zahl von Filmvorbildern, wie etwa des Fliegers Charles Lindbergh, Realität und Fiktion. Die Männermode zeigte entsprechende Auswüchse. Schmuckstücke wie etwa Krawattennadeln und Manschettenknöpfe wurden äußerst beliebt, obwohl das Bild vom modischen Mann als Konsumenten gegen Ende des Jahrzehnts mit dem Ausbruch des Krieges und der Rückkehr zu einem »maskulinen« Stil verblaßte.

Wie die gesamte Studiobelegschaft, einschließlich Regisseuren und Drehbuchautoren, waren auch die Schauspieler an Verträge gebunden und damit einer despotischen Kontrolle durch die Filmgesellschaften unterworfen. Selbst das kleinste Detail ihrer Karriere wurde von der Traumfabrik überwacht, und jeder, der aus der Reihe tanzte, konnte schnellstens zur Räson gebracht werden. Louis B. Mayer, der der Meinung war, seine Schützlinge hätten sich wie Könige zu benehmen, schnauzte einmal einen Star an, der in der Studiokantine mit einem kleinen Angestellten zusammen aß. Bei Warner Brothers ließ man die Schauspieler ununterbrochen arbeiten; ein Star konnte sieben Filme im Jahr drehen. Dieser Absolutismus schreckte aber trotzdem die Tausende nicht ab, die hoffnungsfroh in Hollywood ankamen und für die Chance, es zur Leinwandgottheit zu bringen, ihre Körper verkauften. Nur einige wenige – vielleicht ein Prozent – schafften es, der Rest verbrachte seine besten Jahre als Kellner.

Dem Hays-Code war es zu verdanken, daß die Darstellung von Ehe und Liebe manchmal wenig oder nichts mit sinnlichem Vergnügen zu tun hatte. Den Filmemachern war es verboten, irgendwelche Geplänkel zu zeigen, die sich zwischen Ledigen, außerehelich, »unnatürlich« oder in der Horizontalen abspielten. Im Boudoir mußten zwei Einzelbetten stehen, und ein Gentleman hatte immer einen Fuß auf dem Boden zu behalten. Tatsächlich aber wirkten entsprechende Andeutungen, vom richtigen Regisseur in Szene gesetzt, mindestens ebenso erotisch wie die naturgetreue Abbildung der Realität.

Leierkasten und Stummfilm hatten dem Tonfilm und einem anspruchsvolleren Publikum Platz gemacht, Valentino und andere waren tot, viele Stummfilmstars an der Umstellung auf neue Spieltechniken gescheitert, andere waren schlicht zu alt geworden. An ihre Stelle trat explosionsartig eine neue Generation; Männer, die sich mühelos der Technik und den von ihnen dargestellten Prototypen anpassen konnten. Manche waren nur ein Jahrzehnt lang in Mode, aber einige schafften den Sprung zu mythischen Heroen, deren Stil niemals veraltete, und die noch ein halbes Jahrhundert später imitiert werden. Als Clark Gable 1931 in *A Free Soul* Norma Shearer als reiche Ziege erbarmungslos schikanierte, wurde er zum Inbegriff des »harten Brockens« für Frauen. Joan Blondell sagte einmal über ihn: »Er läßt keine Frau kalt, es sei denn, sie ist tot.« Gary Cooper, der schüchterne, attraktive Junge vom Lande, der es in *Mr. Deeds geht in die Stadt,* 1936, mit den großmäuligen Städtern aufnimmt, etablierte das Image des starken, schweigsamen, typisch amerikanischen Helden. Ein gutaussehender Charmeur, der im englischen Bristol als Archie Leach zur Welt gekommen war, wurde zu Cary Grant, dem Inbegriff des glatten, kultivierten Amerikaners. Ein wichtiger Punkt, den Donald Spoto in seinem hervorragenden Buch »Camerado« anspricht, ist, daß Gable in Frank Capras *Es geschah in einer Nacht* den Männern ein neues Rollenmodell vorführte, das mehr auf der Einstellung eines Mannes als auf seinen Aktionen beruhte; sein enormer Sex-Appeal und sein Selbstvertrauen verliehen ihm ein unerschütterliches Selbstbewußtsein, und das wirkte auf die Zuschauer in der Zeit der Depression sehr ermutigend. Dasselbe läßt sich vielleicht über Grant sagen, während Cooper dadurch, daß er es schaffte, in einer schlechten Welt ein guter Mensch zu bleiben, Optimismus verbreitete. Was diese drei Männertypen miteinander verband, war außerdem die Reaktion ihres Publikums: sie wurden nicht nur von den Frauen Amerikas und überall sonst auf der Welt angehimmelt, sondern hatten auch einen großen Einfluß auf ihre männlichen Zeitgenossen. Zusammen mit anderen waren sie Vorboten des Neuen Mannes, von dem verschiedene Varianten existierten.

Es gab jetzt drei maskuline Grundkategorien: kultiviert – Grant, William Powell oder Robert Montgomery; bodenständig – Gable, Joel McCrea und John Wayne; oder jungenhaft und unverdorben – Cooper, Henry Fonda, Jimmy Stewart. Manche Männer waren auch bedrohlich wie George Raft und James Cagney, andere charmantfranzösisch, zum Beispiel Charles Boyer, oder im britischen Tweed Ronald Colman; seltener verlegten sie sich aufs Singen oder Tanzen wie Nelson Eddy, Fred Astaire und Bing Crosby. Gelegentlich waren sie zölibatär (Crosby als Priester), aber fast nie weibisch, Trinker oder einfach nur ekelhaft.

FREDRIC MARCH

March war Amerikaner von großer Ausdrucksstärke und einer der hervorragendsten Schauspieler in Hollywood und am Broadway, der zwei Oscars gewann – 1932 für *Dr. Jekyll und Mr. Hyde* und 1946 für *Die besten Jahre unseres Lebens* – und während seiner vierzigjährigen Laufbahn in einer Vielzahl von Genres gute Filme drehte. In den dreißiger Jahren war er der romantische Held an der Seite vieler bezaubernder Damen, darunter der Garbo in *Anna Karenina,* 1935, obgleich er auch am Broadway auftrat, und zwar oft mit seiner Frau, Florence Eldridge. Häufig war es seine wesentliche Funktion, eine verläßliche Stütze für die Hauptdarstellerin zu sein, und in Lubitschs *Serenade zu dritt* bot er eine beachtliche Leistung.

March hatte eigentlich eine Karriere im Bankwesen geplant, aber als er sich mit Anfang zwanzig von einer Blinddarmentzündung erholt hatte, fand er, daß ihm die Schauspielerei mehr Spaß machen würde. Im Film schlug er ein, nachdem er die Rolle von John Barrymore, dem Super-Profil, in der Leinwandversion von *The Royal Family of Broadway* neu angelegt hatte, und in *Ein Stern geht auf* von 1937 spielte er als erster den scheiternden Star, vor James Mason und Kris Kristofferson in späteren Remakes. Seine Wandlungsfähigkeit demonstrierte er im selben Jahr mit Carole Lombard in der Salonkomödie *Denen ist nichts heilig.* Als er für den romantischen Helden zu alt wurde, wechselte er erfolgreich ins Charakterfach.

OBEN: Pressephoto für *The Night Angel,* 1931
LINKS: aus *Anna Karenina,* 1935, mit Greta Garbo

GEGENÜBER: aus *The Magic Flame,* 1927, mit Vilma Banky

RONALD COLMAN

Reserviert und höflich, meist die Hände in den Taschen, war Ronald Colman ein Brite von der charmantesten Art, der zuverlässig, aber nicht langweilig wirkte und ungeheuchelt gute Manieren demonstrierte. Frauen fanden seinen wehmütigen, entrückten Blick – der auf tapfer ertragene frühere Tragödien hindeutete – und sein elegantes Aussehen ziemlich unwiderstehlich. In einer seiner stärksten Rollen als nobler, sich aufopfernder Sidney Carton in *Flucht aus Paris*, 1935, machte er Elizabeth Allan keine Liebeserklärung, sondern entschied sich typischerweise für etwas »viel, viel Besseres«: er starb für sie. Es schien völlig seinem Charakter zu entsprechen, daß er Anfang der dreißiger Jahre zu 20th Century Fox ging, nachdem Sam Goldwyn gemeint hatte, er würde etwas alkoholisiert noch besser spielen.

Als geborener Engländer und Ehemann der britischen Schauspielerin Benita Hume verlor Colman nie seinen europäischen Charme, obwohl er sich in den USA niederließ und dort den größten Teil seines Arbeitslebens verbrachte. Er etablierte sich als romantischer Stummfilmheld, und nach seinem Durchbruch an der Seite von Lillian Gish in *The White Sister* von 1923 wurden er und Vilma Banky eines der großen Paare ihrer Zeit in Leinwandromanzen wie *The Magic Flame*, 1927, und *Two Lovers*, 1928. 1929 hatte er seinen ersten größeren Tonfilmerfolg mit *Bulldog Drummond*, und seine nächsten Filme folgten konstant seinem Image als kultivierter Gentleman, so etwa *Arrowsmith, The Masquerader, Bulldog Drummond Strikes Back* und *The Man Who Broke the Bank in Monte Carlo*.

Mit einer prachtvollen Stimme gesegnet, wurde der geistreiche, weltmännische Colman mit dem Aufkommen des Tonfilms sogar noch populärer. Er stellte sich problemlos auf das erforderliche Maß an Zurückhaltung und Understatement ein, mußte aber noch zwanzig Jahre lang auf den höchsten Preis der Filmindustrie warten, bis er schließlich

OBEN: Studioporträt, ca. 1929
RECHTS: aus *Der Gefangene von Zenda*, 1937, mit Madeleine Carroll
GEGENÜBER: aus *Arrowsmith*, 1931, mit Myrna Loy

gegen Ende seiner Laufbahn als seinen Illusionen erlegener Shakespeare-Darsteller mit *Doppeltes Leben*, 1947, einen Oscar gewann. In der Zwischenzeit hatte er seine Wandlungsfähigkeit in einer großen Zahl von Rollen unter Beweis gestellt, die vom Abenteurer, etwa dem Erbauer eines Imperiums in *Clive of India*, 1935, und dem Titelhelden in *Der Gefangene von Zenda*, 1937, bis zum überzeugend gespielten Gauner in *Raffles*, 1930, reichten. Im Alter nahm seine Attraktivität eher noch zu, beispielhaft in *Gefundene Jahre* neben Greer Garson, und seine Anziehungskraft auf Frauen war unvermindert geblieben, als er sich mit Anfang Sechzig zur Ruhe setzte.

RECHTS: Studioporträt, 1939; Photograph: Eugene Richee
UNTEN: aus *Gefundene Jahre*, 1942, mit Greer Garson

CLIVE BROOK

Während Ronald Colman zur Mittelschicht gehörte, lag der besondere Reiz bei Clive Brook in seinem aristokratischen Aussehen und der Noblesse eines Offiziers und Gentlemans; ob er nun Herzöge, Detektive oder Gangster spielte, er wußte immer, wie man mit Messer und Gabel umgeht. Brook hatte am Ersten Weltkrieg teilgenommen, sah in Uniform blendend aus und hatte einen seiner besten Auftritte als Offizier und Ex-Liebhaber von Marlene Dietrichs Shanghai Lily in *Schanghai Express*, 1932; wobei sein spöttisch stilisiertes Heldentum auf faszinierende Weise mit der lässigen Aura sexueller Gefährlichkeit bei der Dietrich kontrastierte.

Brook hatte sein Handwerk auf der Bühne erlernt, bevor Hollywood in dem britischen Film *Ihr letzter Tanz*, 1923, das in ihm steckende Potential erkannte. Seine Popularität brachte ihn in die USA, wo eine seiner unvergeßlichen Rollen die des Rolls Royce war, eines Gangsters aus dem Kreis der oberen Zehntausend und Liebhaber von Feathers (gespielt von Evelyn Brent) in *Underworld* aus dem Jahre 1927. Zweimal stellte er auch Sherlock Holmes dar, und in *Tarnished Lady* war er der wohlhabende Börsenmakler, der Tallulah Bankhead als eine in Schwierigkeiten geratene Dame der Gesellschaft heiratete. Als *Heimat unter fremden Sternen*, Noël Cowards Bühnenhit, 1933 verfilmt wurde, war er die Idealbesetzung für einen »normalen« Engländer der Oberschicht.

Mitte der dreißiger Jahre kehrte er nach Großbritannien zurück und drehte mehrere hervorragende Filme, darunter *Convoy*, 1940, und 1945 war er Produzent, Regisseur und romantischer Held von *On Approval*, einer spritzigen Komödie, in der er als Herzog aus der Zeit König Edwards brillieren konnte. Später arbeitete er gelegentlich noch fürs britische Fernsehen und Theater. Er starb 1974.

RECHTS: aus *Schanghai Express,* 1932, mit Marlene Dietrich

WILLIAM POWELL

William Powells weltmännisches und leicht halbseidenes Image wurde noch durch seine sinnlich herabhängenden Augenlider betont, unter denen er seinen wissenden Blick über die interessanteren Körperpartien seiner Filmpartnerinnen schweifen zu lassen pflegte. In den dreißiger Jahren erlangte er in der Reihe der »Dünne-Mann«-Filme außerordentliche Popularität. Er spielte die eine Hälfte des hinreißenden Ehepaares Nick und Nora Charles, des eleganten Detektiv-Teams von Dashiell Hammett, das nie um ein Bonmot oder Eis für seine trockenen Martinis verlegen war. Interessanterweise verschob sich seine Leinwandpersönlichkeit im Verlauf seiner Karriere vom Stummfilmschurken über den ziemlich aufregenden Mann von Nora Charles bis zur jähzornigen, aber gutherzigen Vaterfigur, die er gegen Ende seiner Laufbahn in *Unser Leben mit Vater* spielte.

In der Stummfilmära trat Powell häufig als Bösewicht auf, aber seine Karriere fing erst mit dem Tonfilm richtig an, da er sich als begabter Komödiant erwies, der den wohlerzogenen, amüsanten, aber immer etwas schuftigen Burschen verkörperte – den Typ, der ein Mädchen vom rechten Wege abbringt. Er war unterhaltsam, gelackt, kultiviert, griesgrämig, die personifizierte Dreißiger-Jahre-Komödie von ihrer besten Seite. Neben Myrna Loy trat er 1936 mit Spencer Tracy und Jean Harlow in *Libeled Lady* auf, einem Film, der Powells Aura von weltgewandtem »savoir-faire« perfekt vermittelte; den zum Detektiv gewordenen charmanten Intellektuellen spielte er noch einmal 1935 mit Ginger Rogers in *Star of Midnight* und 1936 mit Jean Arthur in *The Ex-Mrs. Bradford.* Sein größter Erfolg lag jedoch noch vor ihm, bis er in der Rolle des Ehemanns von Irene Dunne in *Unser Leben mit Vater* 1947 für einen Oscar nominiert wurde. Im Alter wechselte er ins Charakterfach über und setzte sich 1955 nach seinem fünfundneunzigsten Film zur Ruhe.

GEGENÜBER: Studioporträt, ca.1930
OBEN: bei den Dreharbeiten zu *Reckless*, 1935, mit Jean Harlow
LINKS: aus *Libeled Lady*, 1936, mit Myrna Loy

HERBERT MARSHALL

OBEN: aus *Ärger im Paradies,* 1932, mit Kay Francis und Miriam Hopkins

GEGENÜBER: Studioporträt, ca. 1929; Photograph: Eugene Richee

Marshall hatte im Ersten Weltkrieg ein Bein verloren, verbarg seine Behinderung und sein Alter – bei seinem ersten ernstzunehmenden Leinwandauftritt war er über vierzig – aber erfolgreich genug, um sich als einer der europäischen Garde Hollywoods zum romantischen Star zu mausern. Die Spezialität des begabten Schauspielers mit durchschnittlich gutem Aussehen war die des leidenden, gutherzigen Ehemanns, den seine Frau schrecklich behandelt: in *The Painted Veil*, 1934, wurde er von Greta Garbo herumgeschubst, in *Engel*, 1937, von Melvyn Douglas und Marlene Dietrich zum Hahnrei gemacht und 1941 in *Die kleinen Füchse* von der Erzschurkin Regina, Bette Davis, »umgebracht«. Mitfühlende Frauen wollten ihn retten, vielleicht weil sie insgeheim hofften, sie würden dann auch die Gelegenheit haben, sich ungeniert gehenzulassen und ihre anti-männlichen Gefühle auszuleben. Er spielte jedoch nicht immer den gutmütigen Trottel; neben Kay Francis und Miriam Hopkins war er 1932 in *Ärger im Paradies* ein richtig romantischer Held, und er besaß einen komödiantischen Zug, aber auch eine ernsthafte Nüchternheit, die ihm seit seiner Jugend als Buchhalterlehrling anhaftete.

Als Marshall älter wurde, verschob sich seine Leinwandpersönlichkeit hin zur attraktiven Vaterfigur, weltmännisch und erfahren. Wie er es auch mit anderen Stars gemacht hat, ließ Hitchcock die unangenehme Kehrseite von Marshalls Typ zutage treten, indem er ihn 1940 in *Mord* als väterlich wirkenden Nazi-Sympathisanten präsentierte.

GARY COOPER

Schüchtern, aber nicht zaghaft, hart, aber nicht unsensibel, symbolisierte der schweigsame Cooper eine neue Art des Helden, der seelische wie körperliche Stärke zeigt. Er war eine schauspielerische Naturbegabung, und sein Erfolg lag in der Kraft seiner unkomplizierten Persönlichkeit und seiner außerordentlichen Fähigkeit zur Selbstdarstellung. Seine hervorragendste Leistung bot er gegen Ende seiner Karriere in dem klassischen Western *Zwölf Uhr mittags*, in dem er den Sheriff Will Kane spielte, der, von Freunden und Verbündeten allein gelassen, den rachedurstigen Gangstern in einer letzten Auseinandersetzung gegenübersteht. Der Mann, der sich einst als »einfachen Burschen aus dem Herzen Amerikas« bezeichnet hatte, war inzwischen viel mehr geworden. In seiner Ablehnung schmutziger Kampfmethoden oder Gedanken und seinem schwer errungenen Triumph über die Korruption als schlichter Junge vom Lande, der weiß, was recht ist, verkörperte er die Wertvorstellungen des Durchschnittsamerikaners, wurde zur Personifizierung des heroischen Ethos im Western.

Coopers Wirkung auf Frauen war umwerfend: er hatte jene schlacksige, hohlwangige Schönheit, die den Eindruck macht, daß man ihn etwas aufpäppeln müßte, und langsame Bewegungen, die äußerst anziehend wirkten. Seine scheue, charmante, unerschütterliche Stärke vermittelte Frauen Geborgenheit. Ganz so simpel war es allerdings nicht: Cooper verkörperte außerdem perfekt den amerikanischen Zeitgeist. Die schüchterne Galanterie, die er ausstrahlte, ließ Frauen etwas beschämt daran denken, wie sie sich mit Valentino, Novarro und den anderen schwülstigen Südländern aufgeführt hatten, und sich nach Läuterung durch einen netten Mann sehnen, dessen unerwartete Aufrichtigkeit elegante Frauen wie Carole Lombard in *I Take This Woman*, 1931, Claudette Colbert in *His Woman*, 1931,

OBEN: aus *Half a Bride,* 1928, mit Esther Ralston

LINKS: aus *In einem anderen Land,* 1932, mit Helen Hayes

GEGENÜBER: aus *Jetzt und für alle Zeiten,* 1934, mit Carole Lombard

und Tallulah Bankhead in *Devil and the Deep*, 1932, überwältigte. Gleichzeitig demonstrierte Cooper, der sich 1929 in *Der Mann aus Virginia* als Western-Held etabliert hatte, daß seine maskulinen Eigenschaften und seine ausgeprägte Aura der Rechtschaffenheit ebenso anziehend auf Männer wirkte.

Ironischerweise war Cooper britischer Herkunft. Sein Vater, ein Einwanderer, war Richter und besaß eine Ranch in Montana, die ihm genug einbrachte, um den jungen Frank – das »Gary« kam später – nach England auf ein Internat zu schicken; und Cooper blieb eine Spur seines Akzents als eigenwillige Nuance

RECHTS: Studioporträt, ca. 1935; Photograph: Eugene Richee
UNTEN: aus *Marokko*, 1930, mit Marlene Dietrich

seiner sanften Stimme. Seine Internatszeit erwies sich auch auf andere Weise für Cooper als Vorteil: bei einem Autounfall verletzte er sich an der Hüfte, und die lang andauernde Rekonvaleszenz in Montana, die er so weit wie möglich auf dem Pferd zubrachte, machte ihn zu einem exzellenten Reiter.

Tatsächlich begann er seine Filmkarriere als Western-Komparse, wo er für jeweils 5 Dollar vom Pferd fallen mußte. 1927 hatte er einen Kontrakt mit Paramount, der ihm eine Nebenrolle in *It* und, was ebenso wichtig war, die Aufmerksamkeit von Clara Bow einbrachte. Seine private Romanze mit ihr dauerte zwar nicht lange, förderte aber seinen

LINKS: Porträt, ca. 1936
UNTEN: aus *Zum Leben verurteilt,* 1933, mit Joan Crawford

Ruf als Herzensbrecher und paßte exakt zu seinen Rollen in einer Serie von Action-Filmen. In den nächsten Jahren hatte Cooper mehrere aufsehenerregende Affären, darunter eine turbulente Beziehung mit Lupe Velez, die 1929 seine Partnerin in *Wolf Song* war. Er hatte den Ruf eines super-virilen Liebhabers, über den ein Freund einmal sagte: »Er war der größte Schürzenjäger aller Zeiten.« 1933 heiratete er jedoch Veronica »Rocky« Balfe, eine Dame der New Yorker Gesellschaft, die bei den späteren Liebschaften ihres Ehemannes mit seinen Filmpartnerinnen, wie etwa Marlene Dietrich und Ingrid Bergman, ein Auge zudrückte. Ihre lebenslängliche Verbindung geriet nur einmal in Gefahr, als Cooper mit fünfzig eine Affäre mit der sechsundzwanzigjährigen Schauspielerin Patricia Neal hatte.

Bis Ende der dreißiger Jahre war Cooper zum Großverdiener und einem von Hollywoods zugkräftigsten Kassenmagneten geworden. Er kam bis an die Spitze, und er blieb dort, dank einer regelmäßigen Produktion guter Filme. Er quälte sich zwar nicht mit riskanteren Rollen, war aber innerhalb der selbstgesetzten Grenzen vielseitig und flexibel und wurde niemals zur Parodie seiner selbst.

In *Der Held der Prärie*, 1936, und *In die Falle gelockt*, 1940, entsprachen seine Stärke und Geradlinigkeit exakt dem archetypischen Western-Helden, aber er konnte ebenso die melancholische Gleichgültigkeit eines Hemingway-Protagonisten in *In einem anderen Land* 1932, vermitteln. Seine komische Begabung zeigte er 1936 in *Mr. Deeds geht in die Stadt*, dem Frank-Capra-Film, der Cooper, den Vertreter von Humanität und Tugendhaftigkeit im Triumph über Gewalt und Korruption, für immer zum amerikanischen Heiligen machte. »Damit die Leute einen mögen«, sagte er einmal, »dachte ich mir, daß man irgendwie ihr Ideal sein muß. Ich meine nicht

OBEN: aus *Drei Fremdenlegionäre*, 1939, mit Ray Milland
RECHTS: aus *One Sunday Afternoon*, 1933, mit Fay Wray
GEGENÜBER: Studioporträt, ca. 1932; Photograph: Clarence Sinclair Bull

den schönen Ritter auf einem weißen Pferd, sondern jemanden, der ihrer Vorstellung von einem rechtschaffenen Burschen entspricht.« Vielleicht hatte er Pech, daß Goldwyn ihn für die Rolle des Rhett Butler in *Vom Winde verweht* nicht ausleihen wollte, aber sein Auftritt als nuschelnder Junge aus Tennessee in *Sergeant York*, der sich vom Pazifisten zum Kriegshelden wandelt, brachte ihm seinen ersten Oscar ein. Kurz gesagt, Cooper war in der Lage, viele Facetten des Bildes zu verkörpern, das Amerika von sich selbst hatte, und er wurde von zahllosen Regisseuren eingesetzt – darunter Capra, Hawks, von Sternberg, Wyler, Lubitsch, Vidor und Mann.

Obgleich Coopers erste Versuche mit romantischen Filmen weniger erfolgreich waren – zwischen ihm und Fay Wray als Paramounts »bezaubernden jungen Liebenden« funkte es nie so richtig –, überwand er seine ursprüngliche Steifheit und wurde neben einer großen Zahl weiblicher Stars zum Hauptdarsteller; von Marlene Dietrich in *Marokko*, 1930, bis zu Joan Crawford in dem 1933 gedrehten Film *Zum Leben verurteilt*, und zehn Jahre später wurde er mit Ingrid Bergman für ihr Zusammenspiel in *Wem die Stunde schlägt* für einen Oscar nominiert. Gemeinsam traten sie noch einmal in *Spiel mit dem Schicksal* auf, in dem Cooper mittlerweile zu rauherer Attraktivität herangereift war.

Die Nachkriegsjahre waren für Cooper weniger leicht. Seine Filme waren von unbeständiger Qualität, und seine späte Liebe zu Patricia Neal trug ihm eine vierjährige Trennung von seiner Ehefrau ein. 1952 allerdings kam dann *Zwölf Uhr mittags* heraus, in dem er als Verkörperung von Moral und Tapferkeit seinen Mann stand. Für die subtile Darstellung erhielt er seinen zweiten Oscar. Es war nicht sein letzter; im April 1961, kurz bevor er an Krebs starb, wurde er von der Filmindustrie mit dem Spezialpreis für hervorragende Leistungen geehrt. Weniger als einen Monat später war er tot.

GEGENÜBER: Pressephoto für *Wem die Stunde schlägt*, 1943
OBEN: aus *Spiel mit dem Schicksal*, 1945, mit Ingrid Bergman
LINKS: aus *Mr. Deeds geht in die Stadt*, mit Jean Arthur

JOEL McCREA

McCrea war der liebenswerte, sportliche und verläßliche amerikanische Held, der das, was ihm an Intelligenz fehlt, durch Mut und Ausdauer wettmacht; er hatte eine unmittelbare Anziehungskraft auf den Durchschnittszuschauer, der Leistung bewunderte, aber der Klugheit mißtraute. Er war derselbe knochige Typ wie Gary Cooper, hatte jedoch nicht dessen intellektuelle Ausstrahlung – und wird heute oft als Schauspieler abgetan, der die Rollen kriegte, die Cooper nicht wollte. Aber seine umkomplizierte und direkte physische Präsenz ließen ihn leichter zugänglich erscheinen.

McCreas gemütliche Ernsthaftigkeit und Integrität machten sich vor allem zwei hervorragende Regisseure zunutze, Alfred Hitchcock und Preston Sturges. Seine interessanteste Rolle hatte er in Hitchcocks *Mord*, 1940, in dem er einen äußerst schwerfälligen, aber liebenswerten Reporter spielte, der aus Mangel an Gewitztheit in unerwartet gefährlichen Situationen mit seinen enormen Reserven an Tapferkeit improvisieren muß. Für Preston Sturges stellte er neben Veronica Lake 1941 in *Sullivans Reisen* einen als Landstreicher verkleideten Hollywood-Regisseur dar, der unschuldig der Realität zum Opfer fällt. 1944 hatte er die Hauptrolle in William Wellmans *Buffalo Bill*, obwohl er erst in den fünfziger Jahren als Star zahlreicher Billig-Western in den Ruf des ewigen Cowboy-Helden kam, dem in Sam Peckinpahs nostalgischem *Sacramento* noch einmal Tribut gezollt wird.

LINKS: Pressephoto für *Adventure in Manhattan*, 1936

GEGENÜBER: Studioporträt, 1936; Photograph: Ted Allan

JAMES STEWART

Stewarts Stärke lag einerseits in der ihm eigenen Liebenswürdigkeit und zum anderen in seiner reizend unbeholfenen Art: seine Hosen wollten einfach nicht über den Socken bleiben und seine Handschuhe nicht zu kneifen aufhören, und seine Hüte hatten die Tendenz, in der Gegenwart junger Damen zur Seite zu rutschen. In *Mr. Smith geht nach Washington* fällt sein Hut ganz herunter, als er der schönen Tochter seines Rivalen begegnet. Seine schlaksige Tölpelhaftigkeit machte ihn als Sex-Symbol zunächst unglaubwürdig, aber nachdem sich seine spezifische Mischung aus Ungeschicklichkeit und Idealismus, tapsiger Gutmütigkeit und strahlendem Lächeln erst einmal durchgesetzt hatte, wurde er schnell zum Kassenmagneten. Am ausgeprägtesten zeigte sich diese Mixtur in der Leinwandversion von Kaufmans und Harts *Lebenskünstler* von 1938, wo er den Sohn des Chefs spielte, der sich in das einzige normale Mitglied einer übergeschnappten Familie verliebt. Wie bei Cooper hatte sein Image, das zum Teil seiner eigenen Persönlichkeit entsprach, einen Beigeschmack von Wahrhaftigkeit, der ihn bei Männern ebenso beliebt machte wie bei Frauen.

In Pennsylvania geboren, kam Stewart auf dem Umweg über das New Yorker Theater nach Hollywood und hatte 1936 seinen ersten Durchbruch neben Eleanor Powell als Matrose in dem Musical *Born to Dance*. In den nächsten Jahren war er der erfolgreiche Hauptdarsteller an der Seite weiblicher Filmstars wie Claudette Colbert in *It's a Wonderful World*, Jean Arthur in *Mr. Smith geht nach Washington* und Marlene Dietrich in *Der große Bluff*. Dem Produzenten Joe Pasternak zufolge »warf die Dietrich einen einzigen Blick auf ihn und wollte ihn sofort«. 1940 war er dann einer der Partner von Katharine Hepburn in *Die Philadelphia-Story* und schlug Cary Grant, indem er damit einen Oscar gewann.

Obwohl Stewart seine Persönlichkeit keineswegs in den Vordergrund stellte, trug sein Privatleben beträchtlich zu sei-

OBEN: aus *Mr. Smith geht nach Washington*, 1939, mit Astrid Allwyn
RECHTS: aus *Die Philadelphia-Story*, 1940, mit Katharine Hepburn

ner Popularität bei – als einer der ersten Filmschauspieler, die sich als Freiwillige für den Zweiten Weltkrieg meldeten, stieg er vom einfachen Soldaten mit 21 Dollar wöchentlich zum Oberst auf und errang zahlreiche höchste militärische Auszeichnungen, darunter die Verdienstmedaille. Er war kein unersättlicher Liebhaber und blieb Junggeselle, bis er mit Anfang vierzig durch Gary Cooper seine spätere Ehefrau Gloria kennenlernte.

In der Nachkriegszeit hatte Stewart einige seiner stärksten Auftritte in Wildwest-Filmen. Sein Image vermittelte wie das von Cooper Aufrichtigkeit und Patriotismus, die bei einem Western-Helden unerläßlich sind: in *Winchester 73*, 1950, wo er seinen eigenen Bruder zur Strecke bringt, wirkte er eindringlich, in *Der gebrochene Pfeil* aus demselben Jahr als Mann einer Indianerin (Debra Paget) rührend, einnehmend naiv dagegen 1962 in *Der Mann, der Liberty Valance erschoß*. Wieder anders war es bei *Die Glenn Miller Story* von 1954, die sein Humor davor bewahrte, in ihrer eigenen Sentimentalität zu ertrinken. Eine seiner überzeugendsten witzigen Rollen hatte er 1950 in *Mein Freund Harvey* als Elwood P. Dowd – ein freundlicher Säufer, der sich in seine Kindheit zurückversetzt hatte und ein Riesenkaninchen zu seinem unsichtbaren Spielgefährten machte. Hitchcock machte sich Stewarts liebenswerten Charme auf faszinierende Weise zunutze, indem er ihn entgegen seinem Typ 1954 in *Das Fenster zum Hof* als Voyeur einsetzte.

OBEN: Porträt, ca. 1938
LINKS: aus *Ist das Leben nicht schön?*, 1947, mit Donna Reed

HENRY FONDA

Als einer von Hollywoods aufrechten Heroen besaß Fonda einen ausgeprägten Ernst, der perfekt zu dem noblen Idealismus seiner Rollen paßte und repräsentativ für die geistige Haltung und das Selbstbewußtsein der Nation war. Die von ihm verkörperten großen Amerikaner, ob beim Militär, im Western oder in der Politik, kämpften gegen Anarchie und Aufruhr. 1939 spielte er in *Der junge Mr. Lincoln* den jugendlich würdevollen Titelhelden, in *Faustrecht der Prärie* Wyatt Earp, das unerschütterliche Symbol der Gerechtigkeit, in *Früchte des Zorns,* einem sozialkritischen Schlüsselfilm, den Tom Joad. Es war vielleicht kein Zufall, daß in den sechziger Jahren, als die USA ihre Unschuld verloren hatten, der wichtigste Vertreter des guten Amerika 1968 in *Spiel mir das Lied vom Tod* als bösartiger Sadist auftrat.

Fondas Talent, gleichzeitig noblen Idealismus und menschliche Verächtlichkeit auszudrücken, ließen ihn in zweideutigen Rollen ebenso überzeugend wirken, in denen er Männer spielte, die den Mut hatten, heroische Aufgaben zu übernehmen, ohne ihnen unbedingt gewachsen zu sein. Er konnte wütend oder verlegen sein, ohne daß es seine Männlichkeit beeinträchtigte: wenn ihn seine Gefühle überwältigten, brach seine Stimme mit dem anheimelnden Nebraska-Akzent vor lauter ehrlich männlicher Gemütsbewegung. In einer Umarmung traf man Fonda sehr selten an, und seine Zärtlichkeiten bestanden gewöhnlich in den flüchtigen Küssen des verheirateten Mannes. Die Ehe war für ihn meistens eine Pflicht, obgleich die Hochzeits- und Schlußszene von *Faustrecht der Prärie* zu den bewegendsten Darstellungen gehört.

Fonda trat häufig am Broadway auf und hatte dort mit dreiundsiebzig einen Riesenerfolg als der berühmte liberale Anwalt Clarence Darrow in einem Ein-Mann-Stück. Er starb ein Jahr, nachdem er für seine Rolle des jähzornigen, aber tapfer ungebeugten Vaters in *Am goldenen See* einen Oscar errungen hatte.

GEGENÜBER: Studioporträt, ca. 1936
OBEN: Pressephoto für *Faustrecht der Prärie,* 1946
LINKS: aus *That Certain Woman,* 1937, mit Bette Davis

GEORGE RAFT

Er wirkte glatt, ernst und strahlte sexuelle Gefährlichkeit aus; Rafts erfolgreichste Rolle war die des verderbten Gangsters. Er war in einer rauhen Gegend von New York geboren, und ihm wurden Verbindungen zur Unterwelt nachgesagt, was seinen bedrohlichen Charme noch verstärkte.

Sein Gangster-Image festigte sich 1932 in *Scarface* als Schurke Rinaldo, der von einem Killer, Tony Camonte (Paul Muni), umgelegt wird. Er hatte jedoch auch die Gelegenheit, gute Ganoven zu spielen, so in *Todesangst bei jeder Dämmerung* und *12 Monate Bewährungsfrist*, beide 1939. 1941 war er in *Herzen in Flammen* das Objekt von Marlene Dietrichs ausschweifenden Passionen. Billy Wilder gewann ihn 1959 für eine Selbstparodie in *Manche mögen's heiß*.

UNTEN: Studioporträt, ca. 1939

JOHN WAYNE

Wayne spielte in einigen der größten Western mit, die je gedreht wurden, darunter besonders die John-Ford-Trilogie *Bis zum letzten Mann, Der Teufelshauptmann* und *Rio Grande*, und wurde bald zum Star des Historienfilms der USA. Gewöhnlich sah man ihn als harten Kämpfer, der auf schroffe, autoritäre Art sexy war und aus Prinzip allen Frauen seine rauhe Galanterie anbot. In seiner bekanntesten Rolle in *Höllenfahrt nach Santa Fé* war er jedoch ein sensibler Charakter und in *Der schwarze Falke* rücksichtslos, unbarmherzig und mordgierig. Als massiger, häßlich-schöner Mann waren seine Gegenspielerinnen starke Frauen wie Marlene Dietrich in dem 1940 gedrehten Film *Das Haus der sieben Sünden*.

OBEN: Pressephoto für *Konflikt*, 1936
GEGENÜBER: Studioporträt, ca. 1936

JAMES CAGNEY

Von dem Moment an, als Cagney in *Der Staatsfeind* von 1931 Mae Clarke die halbe Grapefruit ins Gesicht drückte, war seine temperamentvolle Schuftigkeit unwiderstehlich. Er war der Inbegriff des Leinwandgangsters; ein grausamer Bösewicht mit irritierend kindlichem Aussehen und einem unnachahmlichen Stakkato in der Stimme, mit der er seine Sätze wie Maschinengewehrsalven abfeuerte.

Unter dem rauhen Äußeren gab es jedoch eine unterschwellige Verletzlichkeit, die sich in dem Wunsch ausdrückte, bemuttert zu werden oder ein Vorbild für andere zu sein, wie etwa in seiner Gangsterrolle in *Chikago*, 1938. Seine Anziehungskraft lag in der Vorstellung, daß in diesem Gangster ein verwundbares Kind verborgen war: In *Sprung in den Tod* von 1949 entbot er der Welt ein effektvolles Lebewohl, als er »Ganz oben, Ma!« rief, bevor er seine Waffe in den Gastank entleerte und sich selbst ins Jenseits katapultierte.

Cagneys Kindheit war von ebenso prägender Härte gewesen wie die seiner Charaktere. 1899 in Manhattans Lower East Side geboren, erwarb er sich schon früh den Ruf eines zähen Straßenkämpfers und versuchte sich sogar als Boxer, hatte dann aber sein Debüt im Show-Business als Varieté-Tänzer in Frauenkleidung. Sein fünfter Film, *Der Staatsfeind*, machte ihn zum Star, und das Image als Gangster erhielt er aufrecht in Filmen wie *Der Frauenheld*, 1933, und *Die wilden Zwanziger*, 1939, und wurde damit zu einem der zehn größten Kassenmagneten. Seine Rollen hatten eine neurotische Sexualität, nervös und sprunghaft, die in *Sprung in den Tod* deutlich zur Psychose wird, womit er die Brücke zwischen dem zähen Burschen der dreißiger und dem neurotischen Helden der fünfziger Jahre schlug.

Aus seinem Ruhestand, in den er sich 1961 zurückgezogen hatte, tauchte er über zwanzig Jahre später als Polizeichef in *Ragtime* noch einmal auf.

OBEN: aus *Der Staatsfeind*, 1931, mit Jean Harlow
RECHTS: aus *Picture Snatcher*, 1933, mit Alice White
GEGENÜBER: Studioporträt, 1937; Photograph: László Willinger

CLARK GABLE

In *Broadway Melody of 1936* starrt Judy Garland ein Photo an und singt dabei: »Dear Mr. Gable, you made me love you«, einen Satz, der die Gefühle von Tausenden Fans wiedergab. Gables enormes Charisma machte ihn zum König von Hollywood, ließ ihn dreißig Jahre wechselnder Männlichkeitsideale überstehen und brachte ihm eine Reihe klassischer Hauptrollen ein, von seinem Part in *Dschungel im Sturm*, 1932, bis zu *Misfits – Nicht gesellschaftsfähig*, seinem letzten Film aus dem Jahr 1961. Gable war im wesentlichen ein Mann des Volkes, ein schlichter, bodenständiger amerikanischer Kleinstadtjunge ohne irgendwelche Überspanntheiten, der bei den Frauen wenig Geduld hatte; man muß sich nur ansehen, wie er Norma Shearer als reicher Ziege in *A Free Soul* den Kopf zurechtrückt.

Auf einen seiner schauspielerischen Tricks war Gable besonders stolz – während seine Partnerinnen unter seinen sinnlich-sehnsuchtsvollen Blicken dahinschmolzen, dachte er in Wirklichkeit an ein schönes saftiges Steak. Diese Technik klappte bestens. Er war zynisch, selbstbewußt und äußerst sexy, und die Liste seiner Mitspielerinnen liest sich wie ein Namensverzeichnis der Allergrößten: Mary Astor, Jean Harlow, Greta Garbo, Joan Crawford, Vivien Leigh, Carole Lombard, Hedy Lamarr und Marilyn Monroe. Er war zwar leidenschaftlich und fürsorglich, fiel aber seinen Frauen nie zu Füßen, sondern behandelte sie mit fröhlicher Selbstverständlichkeit als Gleichwertige und erwartete, daß sie mit ebensolcher Ehrlichkeit und Integrität darauf eingingen – oder die Konsequenzen zögen. 1934 verliebt er sich in einem seiner ersten großen Erfolge *Es geschah in einer Nacht*, als hartgesottener Reporter typischerweise in ein Mädchen aus der Oberschicht, weigert sich, es wie eine Dame zu behandeln und zieht es in letzter Minute auf seine Seite, und zwar fast buchstäblich, als die keusch als Trennwand

OBEN: aus *Dancing Lady*, 1933, mit Joan Crawford
LINKS: aus *Entgleist*, 1932, mit Carole Lombard
GEGENÜBER: Studioporträt, ca. 1931; Photograph: George Hurrell

zwischen ihnen aufgehängte Decke herunterfällt. Seine handfeste Direktheit und seine Aufforderung zu einer Art demokratischer Sexualität machten seine weltumspannende Anziehungskraft aus. Auch auf Männer hatte er einen großen Einfluß, was sich am Gewinnrückgang der amerikanischen Wäscheindustrie zeigte, nachdem er in *Es geschah in einer Nacht* das Oberhemd auszog und darunter nur seine nackte, äußerst männliche Brust zum Vorschein kam.

Ausstrahlung und Persönlichkeit zeigte Gable auch privat, und sein Man-

RECHTS: Pressephoto für *Der Draufgänger,* 1940, mit Hedy Lamarr
UNTEN: aus *Ein toller Bursche,* 1941, mit Lana Turner

gel an Großspurigkeit und seine Belustigung über die eigenen körperlichen Unvollkommenheiten – er pflegte zu sagen, er hätte Ohren wie Garagentore, und gab offen zu, daß seine Zähne nicht alle echt waren – ließen ihn noch attraktiver wirken. Er hatte zwei Ehen hinter sich, bevor er zum Star wurde, die erste mit Josephine Dillon, einer ehemaligen Schauspielerin, die dreizehn Jahre älter war als er, ihm Privatunterricht gab und auf der Karriereleiter emporhalf, und dann mit Ria Langham, einer ebenfalls älteren Frau. In den zehn Jahren danach unterhielt er eine Reihe flüchtiger Affä-

LINKS: aus *After Office Hours,* 1935, mit Constance Bennett
UNTEN: aus *Die wunderbare Rettung,* 1940, mit Joan Crawford

ren und kurzer Liebschaften mit einer unübersehbaren Schar berühmter und unbekannter Frauen. Ein solches Techtelmechtel hatte er mit Joan Crawford, die später sagte: »Er hatte Mumm«, aber der schöne, schwer zu bändigende Wildfang Carole Lombard, den er 1939 heiratete, war wahrscheinlich seine ganz große Liebe. Zur Ernüchterung blieb ihnen keine Zeit: Anfang 1942 kam sie im Alter von vierunddreißig bei einem Flugzeugabsturz ums Leben. Im Wrack noch suchte er nach ihr, und ihr Tod war für ihn ein schwerer Schlag.

Mittlerweile hatte Gable den Höhepunkt seiner Laufbahn erreicht. Er hatte verschiedene Berufe ausgeübt – als Verkäufer, Holzfäller, Reporter und Lastwagenfahrer – und die Ablehnung durch Warner Brothers und MGM (nachdem John Barrymore Probeaufnahmen mit ihm vorgeschlagen hatte) überlebt, bevor er Anfang der Dreißiger zum großen Star wurde. 1932 lieferte er mit Jean Harlow in *Dschungel im Sturm* einige knisternde Liebesszenen, gewann einen Oscar für seine Rolle in der Frank-Capra-Komödie *Es geschah in einer Nacht* und hatte an der Seite von Jeanette MacDonald einen überzeugenden Auftritt in *San Franzisko*. Der entscheidende Film lag aber noch vor ihm. Margaret Mitchell, die Autorin von *Vom Winde verweht*, hatte angeblich Gables Leinwandpersönlichkeit vor Augen, als sie die Figur des Rhett Butler mit seinem »Offen gesagt, meine Liebe, das ist mir schnurzegal« kreierte; auf jeden Fall sind Fiktion und Realität schwer zu trennen, und Gables Darstellung spielte eine entscheidende Rolle für den Erfolg von Selznicks Film. Ohne jede Galanterie, unverschämt sinnlich, erfahren und ein spöttischer Gegner gesellschaftlicher und emotionaler Großspurigkeit, stellte Butler/Gable so manchen modernen Leinwandhelden in den Schatten.

Kurz nach dem Tod seiner Frau – in ihrer letzten Depesche an ihn hieß es:

OBEN: aus *Dschungel im Sturm*, 1932, mit Jean Harlow
RECHTS: aus *Dschungel im Sturm*, mit Mary Astor
GEGENÜBER: aus *Saratoga*, 1937, mit Jean Harlow

»Pappy, du solltest der Armee beitreten« – beendete Gable seine Dreharbeiten an *Somewhere I'll Find You* und meldete sich als einfacher Soldat zur Luftwaffe, wo er bis Kriegsende blieb. 1945 kehrte er in *Adventure* zusammen mit Greer Garson, die er nicht leiden konnte, auf die Leinwand zurück, aber daraus wurde ein Flop, und er machte danach nur noch wenige bemerkenswerte Filme. Seine Popularität war so groß wie eh und je, aber er fühlte sich als Mann mittleren Alters unwohl in der Rolle des romantischen Helden, die die Produzenten ihm immer noch aufdrängten. Sein erfolgreichster Nachkriegsfilm war vielleicht *Mogambo* von 1953, John Fords Remake von *Dschungel im Sturm*, in dem er an der Seite von Ava Gardner und Grace Kelly spielte. In der Zwischenzeit verlief sein Privatleben weiterhin bewegt. Er heiratete noch zweimal, zunächst Sylvia Lady Ashley und dann Kay Spreckels, die wie Carole Lombard aussah und Gables einziges Kind, einen Sohn, nach seinem Tode zur Welt brachte.

Gables letzter Auftritt, kraftvoll, von ungekünstelter Sinnlichkeit und so ergreifend wie nie, als alternder Cowboy und Liebhaber von Marilyn Monroe in *Misfits – Nicht gesellschaftsfähig* von 1961, wurde von den Kritikern als die herausragende Leistung seiner Laufbahn gepriesen. Der Film ist voll ironischer Anspielungen aufs Altwerden, auf Liebe und Manneskraft und kann durchaus als Gables Rückblick auf seine eigene Männlichkeit gelten. Er starb im November 1960, ein paar Wochen nach Ende der Dreharbeiten.

GEGENÜBER: aus *Vom Winde verweht,* 1939, mit Vivien Leigh
OBEN: aus *Misfits – Nicht gesellschaftsfähig,* 1961
LINKS: aus *Mogambo,* 1953, mit Grace Kelly

DOUGLAS FAIRBANKS Jr

Nach einer Kopie von Douglas Fairbanks sen. brauchten die Studios nicht lange zu suchen; sie hatten Doug jun., den Sohn aus seiner ersten Ehe mit Anna Beth Sully. Als Amerikaner geboren und als Brite erzogen, ließ sich Doug jun. gegen den Willen seines Vaters schon in der Stummfilmära in den Bann Hollywoods ziehen, machte jedoch bis zum Aufkommen des Tonfilms keine rechten Fortschritte, um dann die säbelrasselnde Leinwandpersönlichkeit und Rolle des Freibeuters von seinem Vater zu übernehmen, obgleich sich zeigte, daß sein polierter Charme sich besser für den Part des Salonlöwen eignete. Eine beachtliche Leistung bot er 1937 als der schuftige Glücksritter Rupert von Hentzau in John Cromwells Version von *Der Gefangene von Zenda,* und in dem britischen Imperialistenspektakel *Aufstand in Sidi Hakim* war er einer von drei Soldaten (Cary Grant und Victor McLaglen waren die beiden anderen), die das Fort – und Joan Fontaine – in ihrer Gewalt hatten.

Ein allseits bekannter Lebemann, in erster Ehe mit Joan Crawford verheiratet, war Fairbanks jun. auch wiederholt in eher heiteren Rollen zu sehen wie etwa als sorgloser Bewunderer von Irene Dunne in *Joy of Living,* als studentischer Lagerbetreuer inmitten mannstoller Mädchen in *Having Wonderful Time* neben Ginger Rogers, und mit Danielle Darieux in *Die flotte Pariserin,* alle 1938. In den Vierzigern trat er in einer Reihe umjubelter Abenteuerfilme wie *Sindbad, der Seefahrer,* 1947, auf, aber irgendwie schien Doug, vielleicht weil er weder ganz Brite noch ganz Amerikaner war, den Zeitgeschmack nie völlig zu treffen. Anfang der fünfziger Jahre zog er sich aus dem Filmgeschäft zurück und wurde Produzent und gelegentlicher Mitspieler der Fernsehserie »Douglas Fairbanks Presents«.

LINKS: aus *Aufstand in Sidi Hakim,* 1939, mit Joan Fontaine
GEGENÜBER: Pressephoto für *Der Gefangene von Zenda,* 1937

BING CROSBY

Crosby wurde in den Vierzigern als Schnulzenstar in dem klassischen Musical »Birth of the Blues« und als gefühlsseliger Pfeifenraucher, der Bob Hopes Passionen in der Reihe *Der Weg*... mit Dorothy Lamour in Schach hielt, zu einem der Hauptkassenschlager in den USA. Einen anspruchsvolleren Part hatte er als munterer, whiskytrinkender Father O'Malley in *Der Weg zum Glück,* für den er 1944 einen Oscar bekam.

In der eher nüchternen Nachkriegszeit war er der Held, der die ermutigende Botschaft vermittelte, daß die Schwierigkeiten des Lebens mit einem Lächeln, einem Lied und einer Runde Golf zu meistern seien; 1954 hatte er mit *Weiße Weihnachten* und 1956 mit *Die oberen Zehntausend* ein Comeback. Er liebte Golf und starb 1977 mitten im Spiel.

UNTEN: aus *Birth of the Blues,* 1941, mit Mary Martin

NELSON EDDY

Als romantischer, einnehmend hübscher Charmeur war Nelson Eddy nur ein kleines Licht beim Film, bis MGM ihn 1935 mit Jeanette MacDonald zusammen in *Naughty Marietta* auftreten ließ und die beiden sich quer durch einen überfüllten Raum »Ah, Sweet Mystery of Life« zusangen. Obgleich das Gerücht geht, daß sie sich nicht besonders mochten, wurden sie zu Amerikas Lieblingspaar, und das Publikum strömte in *Rose Marie,* 1936, und *Maytime,* 1937, wie auch in die sieben weiteren Kostüm-Musicals, die sie gemeinsam drehten. Mit Eddys Leinwandkarriere ging es bergab, nachdem sich die Partnerschaft in den vierziger Jahren auflöste, aber er sang weiter, bis er nach einem Schlaganfall auf der Bühne während einer Australien-Tournee starb.

OBEN: Pressephoto für *Maytime,* 1937, mit Jeanette MacDonald

FRED ASTAIRE

Freundlich und elegant, aber als Leinwandpersönlichkeit sehr schwer faßbar, lag das Bestrickende bei Astaire in seinen Bewegungen. Jemand beschrieb ihn mal als »vertikalen Ausdruck horizontalen Begehrens«, und seine Beine waren für 300000 Dollar versichert. Er nahm Kurs auf Hollywood und überstand glücklich seine erste Probeaufnahme, die das wenig ermutigende Urteil« Kann nicht spielen. Leichte Glatze. Kann ein bißchen tanzen« nach sich zog.

Bei RKO kam es dann zu seiner legendären Verbindung mit Ginger Rogers. Niemand hat jemals so getanzt wie sie, weder vorher noch nachher. Explosionsartige Wirkung hatte ihr außerordentliches Zusammenspiel in Filmen wie *Scheidung auf amerikanisch* von 1934, *Ich tanze mich in Dein Herz hinein,* 1935, *Roberta,* 1935, und *Swing Time,* 1936. Sie hatte nicht seine Virtuosität, brachte aber als Ergänzung zu seiner ätherischen Grazie Farbe und Sinnlichkeit ein, oder, wie Katharine Hepburn es formulierte: »Er verlieh ihr Klasse, sie verlieh ihm Sex.«

Als Ginger Rogers Ende der dreißiger Jahre das Tanzen praktisch aufgab, wurde Astaire zum liebenswürdigen Playboy-Gemahl von Hauptdarstellerinnen wie Eleanor Powell, Rita Hayworth, Judy Garland, Cyd Charisse und Audrey Hepburn. Einige glaubten, er würde sich ohne die Rogers als Niemand erweisen, aber er hatte großartige Szenen mit der Charisse in *Vorhang auf* und brillierte ebenso wie die Hepburn in *Süßer Fratz.* Er spielte nach wie vor überragende Rollen, und als er 1946 in *Broadway Melodie 1950* gegen seinen großen Rivalen Gene Kelly antrat, gewann er nach Punkten.

Im späteren Verlauf seines Lebens übernahm Astaire überzeugend dramatische Parts wie in *Das letzte Ufer* von 1959 und *Flammendes Inferno* von 1974. 1949 erhielt er den Spezialpreis der Akademie für »einzigartige künstlerische Fähigkeiten und seinen Beitrag zur Entwicklung des Films« – eine langatmige Formulierung dafür, daß er ein Magier war.

RECHTS: Pressephoto für *Broadway Melody 1940*

LESLIE HOWARD

Howard vermittelte in seinen Rollen als englischer Gentleman mit seiner wundervollen Diktion ein leicht verträumtes, schüchternes Flair, das Nachdenklichkeit und scheuen Charme suggerierte. Er war perfekt und unvergeßlich als Ashley Wilkes, der junge Liebhaber in *Vom Winde verweht.*

Zu seinen ersten dilettantischen Bemühungen als Amateurschauspieler wurde Howard von seiner Mutter Lillian ermutigt, während er nach dem Abschluß des Internats in einer Bank arbeitete – was er haßte. Später beschloß er, sein Glück als Schauspieler zu versuchen, und Ende der zwanziger Jahre war er auf beiden Seiten des Atlantiks zum äußerst erfolgreichen Bühnendarsteller geworden. Bei seiner Filmkarriere dauerte es länger, bis sie ihren Höhepunkt erreichte: *Smilin' Through,* ein Rührstück mit Norma Shearer, etablierte ihn 1932 als Herzensbrecher, aber sein erster großer Erfolg kam erst 1935 mit Alexander Kordas *Das scharlachrote Siegel* an der Seite Merle Oberons. In *Der versteinerte Wald* von 1936 spielte er die Rolle des poetischen Fremden, der sich mit einer idealistischen jungen Kellnerin, Bette Davis, anfreundet, bevor er durch die Hand des Gangsters, Humphrey Bogart, zu Tode kommt. Tatsächlich war es Howard gewesen, der darauf bestanden hatte, daß Bogart diesen Part übernahm, womit er Bogart ins Gangsterfach einführte und eine lebenslange Freundschaft mit ihm begründete.

In den nächsten Jahren fand Howard anspruchsvollere Aufgaben: er war Romeo an der Seite von Norma Shearer als Julia, ein New Yorker Buchhalter in der gutgemachten Hollyood-Satire *Stand-In* von 1937; und anschließend brillierte er als Professor Higgins in der britischen Fassung von *Pygmalion,* bei der er auch mit Regie führte. Er hatte Bedenken, als Fünfundvierzigjähriger die Rolle des Ashley Wilkes zu übernehmen, aber er spielte sie wundervoll, ganz integre Kultiviertheit im Gegensatz zu Gables handfestem Zynismus.

RECHTS: aus *Das scharlachrote Siegel,* 1935, mit Merle Oberon
GEGENÜBER: Aus *Roberta,* 1935, mit Ginger Rogers

Kurz vor Ausbruch des Zweiten Weltkriegs kehrte Howard nach England zurück, um dort patriotische Filme zu drehen. Er identifizierte sich mit der britischen Seite und machte 1942 seinen letzten Film, *The First of the Few,* zusammen mit David Niven. Im Juni 1943 kam er um, als er als Beauftragter der Regierung von einer Vortragstournee durch Spanien und Portugal zurückkam und das Flugzeug, in dem er saß, von den Deutschen abgeschossen wurde, ein Augenblick, indem die ungebrochene Lauterkeit seines Charakters auf der Leinwand mit der Realität zusammentraf.

RECHTS: aus *A Free Soul,* 1931, mit Norma Shearer
UNTEN: aus *Der versteinerte Wald,* 1936, mit Bette Davis
GEGENÜBER: Pressephoto für *Vom Winde verweht,* 1939

DAVID NIVEN

Hervorragend gekleidet, geistreich und mit tadellosen Manieren, hatte Niven gleichzeitig etwas Zweideutiges und leicht Halbseidenes an sich, das ihn sehr frech und sexy wirken ließ. Er war die perfekte Besetzung für Phileas Fogg, den aristokratischen Lebemann, der in *In 80 Tagen um die Welt,* 1956, wegen einer Wette um den Globus reist, und die größten Widrigkeiten übersteht, ohne dabei auch nur sein Hemd zu zerknittern.

Als Angelsächsischer Typ Nummer 2008 klassifiziert, begann Niven seine Hollywoodkarriere 1934 ganz gemächlich als Komparse in *Meuterei auf der ›Bounty‹* und ließ sich auch sonst nicht unterkriegen, sei es durch die Schrecken des Krieges oder im Verführungsclinch auf der Couch; seine Rolle als Mann von Welt in mittleren Jahren, der in *The Moon Is Blue,* 1953, Worte wie »Jungfrau« und »Mätresse« benutzte, brachte ihm eine gewisse pikante Berühmtheit ein (der Film wurde von der »Legion of Decency« verurteilt). Die meisten seiner Filme waren ziemlich belanglos, obgleich er 1946 in *Irrtum im Jenseits* sehr gut war als Offizier der britischen Luftwaffe, der versucht, für die Liebe dem Tod ein Schnippchen zu schlagen. 1958 gewann er als falscher Major in *Getrennt von Tisch und Bett* einen Oscar. Außerdem spielte er den charmanten Playboy-Vater von Jean Seberg in *Bonjour Tristesse,* war in den sechziger Jahren einer der felsenerklimmenden Helden von *Die Kanonen von Navarone* und der verbindlichste Einbrecher der Welt in *Der rosarote Panther.* Niven veröffentlichte zwei ausgezeichnete und entsprechend pikante Autobiographien, »The Moon's a Balloon« und »Bring On the Empty Horses«, bevor er nach langer und schwerer Krankheit starb.

LINKS: Pressephoto für *Raffles,* 1940

LAURENCE OLIVIER

Oliviers gebieterische Bühnenpräsenz und sein schauspielerisches Genie ließen ihn immer stark mit dem Theater verwurzelt bleiben. Vor dem Zweiten Weltkrieg war er in klassischen Hauptrollen der romantische Star, voll von düsteren, ungelösten Zweifeln über sexuelle Leidenschaft, Gewalttätigkeit und peinigenden Erinnerungen, besonders als wilder, selbstquälerischer Heathcliff in *Stürmische Höhen,* 1939, und als der geheimnisvolle, kultivierte Witwer, der 1940 in *Rebecca* Joan Fontaine heiratet. Eher frivol wirkte er als prachtvoll snobistischer Mr. Darcy in *Stolz und Vorurteil* von 1940, und er brachte eine der großen Leinwandheldinnen, Vivien Leigh, nach Hollywood, die dann auch prompt die Scarlett in *Vom Winde verweht* spielte.

Olivier war zwar kein ausgesprochener Kinoschauspieler, leistete aber einen beachtlichen Beitrag zum Film durch seine Interpretationen anspruchsvoller Shakespeare-Rollen; seine Auftritte in *Heinrich V.,* 1944, und *Richard III.,* 1955, gelten beide als Klassiker, und 1948 bekam er für *Hamlet* einen Oscar als Schauspieler und Regisseur. Im selben Jahr wurde er auch in den Ritterstand erhoben. Weitere herausragende Parts hatte er 1960 als Archie Rice in *Der Komödiant* und in *Mord mit kleinen Fehlern.* Trotz schwerer Krankheit und nachlassender Energie arbeitete er weiter, so 1978 als jüdischer Nazi-Jäger in Ira Levins Thriller *The Boys from Brazil* und Anfang der achtziger Jahre als aristokratisch verwahrloster Lord Marchmain in der Fernsehversion von Evelyn Waughs *Wiedersehen mit Brideshead.*

RECHTS: Studioporträt, 1940; Photograph: László Willinger

CHARLES BOYER

OBEN: aus *Und ewig siegt die Liebe,* 1937, mit Jean Arthur
GEGENÜBER: Studioporträt, ca. 1939, Photograph: Robert Coburn

Obgleich Boyer den fremdländischen Liebhaber der drängend-lasziven Art von Valentino und Gilbert spielte und das Leinwandimage des sinnlichen Franzosen mit Schlafzimmerblick und einer wunderbaren, unter die Haut gehenden Stimme kreierte, besaß er genügend Substanz, um die wechselnden Moden zu überleben; sein Stil und seine erotische Präsenz blieben fast ein halbes Jahrhundert lang glaubwürdig. Während ihm auch die Komödie lag, was er in solchen Leckerbissen wie *Und ewig siegt die Liebe,* 1937, unter Beweis stellte, war es wahrscheinlich sein leidenschaftlicher Ernst, der ihn zum Dauerbrenner machte.

1899 in Frankreich geboren, war Boyer in seiner Heimat schon mit Anfang Zwanzig ein Matinee-Idol, aber den Status eines internationalen Herzensbrechers erlangte er erst 1936 als Kronprinz Rudolf in *Mayerling.* Zwei Jahre später drehte er *Algiers* mit Hedy Lamarr und spielte auch weiterhin neben einigen der bezauberndsten weiblichen Filmstars der Welt: Göttinnen wie Greta Garbo und Marlene Dietrich, Persönlichkeiten wie Lauren Bacall und Ingrid Bergman und Kätzchen wie Brigitte Bardot und Leslie Caron. Im Privatleben blieb er seiner langjährigen Ehefrau, der englischen Schauspielerin Pat Paterson, treu, und als sie im August 1978 an Krebs starb, beging er mit einer Überdosis von Schlafmitteln Selbstmord.

CESAR ROMERO

Ein makellos gekleideter lateinamerikanischer Gott mit schuftigem Blick, so begann Cesar Romero am Broadway als Tänzer und Bühnenstar, ging aber 1934 nach Hollywood und trat dort seine Laufbahn als zähnebleckender, schnurrbärtiger, doch leicht selbstironischer Charmeur an. Sein Brooklyn-Akzent trug ihm in den ersten Filmen hauptsächlich Gangster-Rollen ein, aber dann entwikkelte er sich zum romantischen Helden, wie etwa 1935 an der Seite von Marlene Dietrich in *Die spanische Tänzerin.* Seine eigene Lieblingsrolle war die des Cortez in *Der Kapitän von Kastilien* von 1947. Neben Carmen Miranda, Alice Faye und Betty Grable trat er in Musicals auf, bevor er ins Charakter- und Komödienfach überwechselte. Inzwischen weißhaarig, hat er immer noch seine Anziehungskraft und das Grinsen von einst.

UNTEN: Pressephoto für *Die spanische Tänzerin,* 1935

GILBERT ROLAND

Ein anderer Hollywood-Exot war Roland, der gutaussehende Sohn eines Ex-Stierkämpfers, der 1927 als romantischer Held in *Die Kameliendame* mit zweiundzwanzig über Nacht zum Star wurde und nach dem Aufkommen des Tonfilms Abenteurerrollen spielte. Der gebürtige Mexikaner mit dem Taufnamen Luis Alonso kam als Teenager mit seiner Familie nach Los Angeles, legte sich ein Pseudonym zu – zusammengesetzt aus John Gilbert und Ruth Roland – und begann als Statist. Nach kleineren Filmparts und einer kurzen Romanze mit Clara Bow drehte er *Die Kameliendame,* meisterte den Tonfilm mit Hilfe von Sprechunterricht und machte in den fünfziger Jahren viele gute Abenteuerfilme, insbesondere mit Jane Russell.

OBEN: Studioporträt, ca. 1935; Photograph: George Hurrell

ANTON WALBROOK

Walbrook, ein eleganter, romantischer Österreicher mit etwas finsterem Blick, etablierte sein Leinwandimage – das des aristokratischen Charmeurs mit einem Anflug geheimnisvoller Traurigkeit – erst im späteren Verlauf seiner Karriere. Er stammte aus einer Künstlerfamilie, die seit dreihundert Jahren Zirkusclowns hervorgebracht hatte. Mit sechzehn erhielt er ein Stipendium für das berühmte Reinhardt-Seminar und begann seine Laufbahn unter dem Namen Adolf Wohlbrück als Theaterschauspieler an österreichischen und deutschen Bühnen. Obgleich er schon in europäischen Filmen zahlreiche Rollen übernommen hatte, ging er erst 1937 nach Hollywood und spielte dort in der amerikanischen Version des erfolgreichen *Der Kurier des Zaren* mit. Dessen wenig begeisterte Aufnahme trieb ihn nach Großbritannien, wo er sich eine Karriere am Theater und in einer Reihe von ausgefallenen und äußerst raffinierten Filmen aufbaute. Die darin vorherrschende Atmosphäre war die von Grausamkeit und Leidenschaft, zum Beispiel in *Gaslight,* 1940, *Die roten Schuhe* und *Pique Dame,* beide 1948, *Der Reigen,* 1950, und *Lola Montez,* 1955. Er wurde britischer Staatsbürger und starb an einem Herzschlag, während er die Witwe des deutschen Schauspielers Hans Albers besuchte.

RECHTS: Studioporträt, ca. 1935

ROBERT MONTGOMERY

Montgomery hatte zwar das richtige Aussehen und den lässigen Charme des glatten Schönlings, war aber selten mehr als eine etwas schwerfällige Ausgabe von Cary Grant. Sein interessantester Film, wenn auch eher als Gag, war *Die Dame im See,* die Adaption des Raymond-Chandler-Romans aus dem Jahre 1946, die dafür berühmt war, daß der Hauptdarsteller praktisch nie auf der Leinwand zu sehen war. Montgomery, der sowohl Regie führte als auch die Rolle des Privatdetektivs Philip Marlowe übernahm, arbeitete mit einer subjektiven Kamera, die Marlowe nur dann zeigt, wenn er in den Spiegel blickt oder den Zuschauer direkt anspricht.

Ansonsten war Montgomery ein ziemlich nichtssagender und wenig überzeugender Schauspieler, obwohl zu seinen Partnerinnen die reizvollsten weiblichen Stars gehörten: Norma Shearer in *Their Own Desire,* 1929 und *The Divorcee* von 1930; Greta Garbo in *Inspiration,* 1931; Joan Crawford in *Forsaking All Others,* 1934, und *The Last of Mrs Cheney,* 1937, und Carole Lombard in *Mr und Mrs Smith* von 1941. Die Hauptdarstellerinnen konnten sich gut an ihn anlehnen, und in *Urlaub vom Himmel* (ebenfalls 1941) war er ein bemerkenswert eleganter Boxer. Bis Ende der vierziger Jahre war Montgomery zunehmend beim Fernsehen tätig; ein politischer Aktivist der Rechten, unterstützte er später Eisenhower in seiner Wahlkampagne von 1952 und ließ sich als Berater für dessen Fernsehauftritte anheuern.

LINKS: Porträt, ca.1932; Photograph: George Hurrell

GEGENÜBER: Studioporträt, 1940; Photograph: Clarence Sinclair Bull

CARY GRANT

OBEN: aus *Die blonde Venus,* 1932, mit Marlene Dietrich
GEGENÜBER: aus *Suzy,* 1936, mit Jean Harlow

Grant, der beliebteste romantische Leinwandheld seiner Zeit, verriet einst selbst das Geheimnis seiner universellen Anziehungskraft: »Ich spiele mich selbst«, so sagte er einmal, »bis zur Vollendung.« Im Verlauf seiner Karriere, die sich von den dreißiger bis in die sechziger Jahre hinein erstreckte, hielt er ein außergewöhnlich hohes Leistungsniveau, und obgleich er nie einen Oscar als bester Schauspieler gewann, vielleicht wegen der trügerischen Leichtigkeit seiner Darstellung, hat er zweifellos ein Anrecht darauf, als einer der Größten Hollywoods zu gelten. Sein liebenswürdiger, lässiger Charme, sein natürliches Schauspieltalent und sein ausgeprägtes Gefühl für Timing machten ihn zum Virtuosen der leichten Salonkomödie der dreißiger Jahre, besonders unter der Regie von Howard Hawks. Durch diese Filme wurde er zum Inbegriff des kultivierten, weltmännisch eleganten Amerikaners, den sich jede Frau wünscht, mit den richtigen Manieren und dem richtigen Aussehen, ein Mann, der immer geschickt den Stolperdrähten des Schicksals auf seinem Weg zu mühelos erreichter moralischer Größe ausweicht. In den vierziger Jahren jedoch beleuchtete Hitchcock Grants Leinwandpersönlichkeit aus einer Perspektive, in der ihre weniger anziehenden unterschwelligen Eigenschaften sichtbar wurden. In *Verdacht* spielte Grant einen zweifelhaften Playboy, der seiner eben angetrauten Frau, Joan Fontaine, Angst einjagt, und in *Berüchtigt* einen kalten, emotional

blockierten Menschen, der Ingrid Bergman praktisch zugrunde gehen läßt, bevor er sie in letzter Minute durch Einsicht und die Erkenntnis seiner eigenen Gefühle rettet.

Grants Kindheit war nicht sehr glücklich; seine Mutter hatte einen Zusammenbruch, als er neun war, und er ging nicht gern zur Schule, sondern trieb sich lieber im Hippodrome-Theater herum. Mit dreizehn lief er von zu Hause weg und schloß sich einer reisenden Varieté-Truppe an, und obgleich man ihn zurückbrachte, erhielt er von seinem Vater die Erlaubnis, ein Jahr später wieder loszuziehen. Zwei Jahre darauf, nach einem Aufenthalt in New York und einer Tournee durch die Vereinigten Staaten, war er von diesem Land so begeistert, daß er beschloß, sich dort niederzulassen.

1923 war Grant dann soweit, daß er am Broadway in musikalischen Komödien unter seinem richtigen Namen Archibald Leach auftrat, und acht Jahre später machte er sich an die Westküste auf, nicht abgeschreckt von seinen Mißerfolgen bei den Talentsuchern – die ihm gesagt hatten, er habe O-Beine und sein Hals sei zu dick. Nach Abschluß eines Vertrages über 400 Dollar die Woche änderte er seinen Namen in Cary Grant (der Vorname stammt aus einem seiner Broadway-Stücke, der Nachname aus einer Liste des Studios mit passenden Namen) und hatte im Jahr darauf, 1932, sein Debüt mit *This Is The Night*. Er erwarb sich schnell einen soliden Ruf als Hauptdarsteller, besonders durch *Die blonde Venus* mit Marlene Dietrich, *Suzy* mit Jean Harlow, *Die schreckliche Wahrheit* mit Irene Dunne und zwei Filme – *Sie tat ihm unrecht* und *Ich bin kein Engel* – mit Mae West, der er später seine eigene meisterliche Beherrschung der Komödie zuschrieb, indem er meinte, er hätte alles von ihr gelernt.

1935 drehte er seinen ersten Film mit Katharine Hepburn, *Sylvia Scarlett*. Das Zusammentreffen seiner trockenen Eleganz und ihrer leicht zickigen Attraktivität erzeugte eine enorme Spannung, und im weiteren Verlauf der dreißiger

OBEN: aus *Holiday*, 1938, mit Katharine Hepburn
RECHTS: aus *Arsen und Spitzenhäubchen*, 1944, mit Priscilla Lane

Jahre waren sie auch in dem Howard-Hawks-Klassiker *Leoparden küßt man nicht* wieder Partner. Ebenfalls unter der Regie von Hawks wechselte Grant mit *SOS – Feuer an Bord* erfolgreich ins Abenteuerfach und war großartig neben Rosalind Russell in *Sein Mädchen für besondere Fälle,* 1940, einem Remake von *Extrablatt,* bei dem die Rollen vertauscht waren. Auch George Cukor setzte ihn zusammen mit Katharine Hepburn ein, und zwar 1940 in *Die Philadelphia-Story,* einer Komödie über reiche Nichtstuer. Grant spielte die Rolle ihres respektlosen Ex-Ehemannes perfekt; der Film wurde ein Riesenknüller, und Grants Part blieb einem großen Publikum unvergeßlich.

In den Hawks-Filmen sind die weniger angenehmen Seiten seines Charakters schon angedeutet. Obwohl noch leichtherzig, wird die Ambivalenz bereits präsentiert: als männlicher Chauvinismus in *SOS – Feuer an Bord,* neckische Böswilligkeit in *Sein Mädchen für besondere Fälle,* emotionale Stagnation in *Leoparden küßt man nicht.* In diesem Film läßt Hawks Grant einen vertrockneten Akademiker spielen, dessen nüchterne Gefühllosigkeit sich in dem Skelett des Brontosaurus widerspiegelt, den er für ein Museum rekonstruiert, und dem erst die Hepburn Leben einhaucht. Damit wird suggeriert, daß Grants unwiderstehlicher Charme nur eine Maske ist, hinter der sich Unreife, Egozentrik, Frauenhaß und ein gewisser seelischer Geiz verbergen. Indem er selbst groß herauskommt, läßt er andere klein dastehen – und genießt das auch noch.

Nicht lange danach begann die fruchtbare Partnerschaft zwischen Grant und Alfred Hitchcock, der sein Regisseur in *Verdacht,* 1941, neben Joan Fontaine und *Berüchtigt,* 1946, an der Seite von Ingrid Bergman war. Grants weitere Hitchcock-Filme, *Über den Dächern von Nizza* mit Grace Kelly, und *Der unsichtbare Dritte* mit Eva Marie Saint, beide in den Fünfzigern gedreht, waren ungeheuer erfolgreich. Hitchcock sagte einmal, das große Problem bei *Verdacht* sei

OBEN: aus *Verdacht,* 1941, mit Joan Fontaine
LINKS: aus *SOS – Feuer an Bord,* 1939, mit Rita Hayworth

gewesen, daß das Publikum Grant nicht habe für einen Mörder halten wollen, aber in Grants meisterhafter Darstellung in diesem und späteren Hitchcock-Filmen ist die symbiotische Beziehung zwischen der glatten, tüchtigen Fassade und dem unangenehm kalten Charakter dahinter gut zu erkennen. In *Der unsichtbare Dritte* zum Beispiel nimmt Hitchcock dieses Image – des flotten, erfolgreichen Charmeurs, der sich auf die Wirksamkeit seiner äußeren Attribute verläßt –, beraubt ihn seiner kostbaren Identität und reduziert ihn damit bis zur totalen Handlungsunfähigkeit, der er nur

RECHTS: Studioporträt, 1940; Photograph: Clarence Sinclair Bull
UNTEN: aus *Die Philadelphia-Story,* 1940, mit Katharine Hepburn
GEGENÜBER: aus *Berüchtigt,* 1946, mit Ingrid Bergman

entkommen kann, indem er sich demütig und bedürftig zeigt. Selbstverständlich konnte Grant derartige Ambivalenzen nur darstellen, weil er ein großartiger Schauspieler war, der sämtliche technische Finessen beherrschte.

Mit zunehmendem Alter wurde Grant noch attraktiver und charismatischer, indem er den romantischen Mythos seiner Leinwandpersönlichkeit – die einen fast unerreichbaren Maßstab für Männlichkeit gesetzt hatte – Wirklichkeit werden ließ. Dies war wichtig für seine Glaubwürdigkeit und Überzeugungskraft, denn das Publikum der sechziger Jahre war eher an Aufrichtigkeit interessiert, als er mit Audrey Hepburn 1963 den romantischen Thriller *Charade* drehte. Mit *Nicht so schnell, mein Junge,* in dem er als älterer Mann Amor für Samantha Eggar und Jim Hutton spielt, zog er sich 1966 aus dem Filmgeschäft zurück.

Seine ersten drei Ehen mit Virginia Cherrill, Barbara Hutton, der Woolworth-Erbin, und Betsy Drake wurden alle ziemlich schnell wieder geschieden (er hat einmal angedeutet, daß dies seine Wurzeln in dem frühen Verlust seiner Mutter hatte), aber im Alter von zweiundsechzig bekam er noch eine Tochter von seiner vierten Ehefrau, der Schauspielerin Dyan Cannon. Inzwischen war er Manager in der Kosmetikbranche geworden und hatte damit sehr viel Geld verdient. Er starb mit über achtzig.

OBEN: Pressephoto für *Indiskret,* 1958
LINKS: aus *Stolz und Leidenschaft,* 1957, mit Sophia Loren

GEGENÜBER: Studioporträt, ca. 1931

MELVYN DOUGLAS

Der elegante, geistreiche Melvyn Douglas war der Herzensbrecher in den leichten Komödien der dreißiger und vierziger Jahre, wobei er fast unweigerlich an der Seite einer bezaubernden Hauptdarstellerin zu sehen war. Bei seiner zurückhaltenden Persönlichkeit bestand nie die Gefahr, daß er seine Partnerinnen an die Wand spielte, und mit seiner unaggressiven Präsenz war er perfekt geeignet, im Schatten von Leinwandgöttinnen aufzutreten. Das Theater, wo Douglas' Karriere ihren Anfang genommen hatte, blieb seine große Liebe, aber in seinen ersten Filmen erwies er sich als äußerst talentierter Komödiant. Später, nachdem er es geschafft hatte, nicht mehr ausschließlich als lebender Smoking besetzt zu werden, sah man ihn in einigen hervorragenden Charakterrollen, und als Paul Newmans Vater in *Der Wildeste unter Tausend* gewann er 1962 einen Oscar.

Sprungbrett für seine Laufbahn in Hollywood war die Verfilmung des Bühnenhits *Tonight or Never* von 1931, in der er auf Wunsch von Gloria Swanson die Hauptrolle übernahm. Bis zum Kriege drehte er mit Erfolg weitere Komödien für verschiedene Studios und spielte 1935 an der Seite von Claudette Colbert in *Sie heiratet den Boss,* 1936 neben Irene Dunne in *Theodora Goes Wild,* 1937 mit Marlene Dietrich in Engel und 1939 mit Greta Garbo in *Ninotschka.* 1941 war er in *Ehekomödie* der phlegmatische Gatte von Merle Oberon und reparierte in *Erpressung,* ebenfalls 1941, als Chirurg Joan Crawfords Narben.

Im Krieg meldete sich Douglas zur Armee, mied anschließend die romantischen Parts, indem er statt dessen interessantere darstellerische Aufgaben übernahm und kehrte in den fünziger Jahren zum Theater zurück. Auf der Leinwand hatte er gegen Ende seiner Laufbahn 1970 als Gene Hackmans Vater in *Kein Lied für meinen Vater* eine seiner besten Rollen, die ihm eine Oscar-Nominierung einbrachte.

OBEN: aus *Ninotschka,* 1939, mit Greta Garbo

ROBERT DONAT

Donat schaffte es, in *Die 39 Stufen* zwar die meiste Zeit mit Handschellen an seine Partnerin gefesselt zu sein, aber dennoch auch subtilere Gefühlsregungen und den sorglosen Charme seiner Persönlichkeit zu vermitteln – ein Beweis für sein Format und sein schauspielerisches Talent. Obwohl er nicht hielt, was er zu Beginn seiner Karriere versprach, in sechsundzwanzig Jahren nur neunzehn Filme drehte und wegen seines Asthmas viele Hauptrollen ablehnte, wurden diejenigen, die er übernahm, häufig Klassiker, und er war in Großbritannien wie in Amerika sehr beliebt.

Wie Richard Colman war Donat der Inbegriff des englischen Gentlemans. Er kam vom Theater, und sein größter Aktivposten war eine wunderbare Stimme, aber er besaß durchaus auch die Qualitäten eines Kinostars, was schon bald offenkundig wurde, als er Anfang der dreißiger Jahre zum Film ging; seine physische Empfindsamkeit schien sich auf der Leinwand in äußerste Sensibilität umzusetzen. In Alexander Kordas *Das Privatleben Heinrichs VIII.* erlangte er 1933 zum ersten Mal internationale Anerkennung, aber seine berühmtesten Rollen waren die des furchtlosen Richard Hannay in Hitchcocks *Die 39 Stufen*, die des sentimentalen, aber liebenswerten Schulmeisters in *Good-bye, Mr Chips*, 1939, für die er einen Oscar gewann, und der junge Arzt in *Die Zitadelle*, 1938, der durch tragische Ereignisse emotional heranreift. Nach dem Krieg spielte er 1948 den eloquenten Strafverteidiger in *Der Fall Winslow*.

In den fünfziger Jahren wurde Donats Karriere zusehends von seiner schlechten Gesundheit beeinträchtigt, und in seiner ergreifenden Schlußrede als chinesischer Mandarin in *Die Herberge zur sechsten Glückseligkeit* trat seine Gebrechlichkeit offen zutage: »Wir werden uns wohl nicht mehr wiedersehen.« Nicht lange danach starb er im Alter von dreiundfünfzig Jahren.

RECHTS: Studioporträt, ca. 1937; Photograph: Tunbridge

FRANCHOT TONE

Tones Leinwandkarriere, in der er sich auf die Rolle des Playboys und Lebemanns in Komödien und Dramen spezialisierte, war eher routiniert als überwältigend, aber sein Privatleben war äußerst bewegt. Er war viermal verheiratet, und sein Image des Sanften und Wohlerzogenen wurde erschüttert, als er in eine Kneipenschlägerei verwickelt war. Er war ein beliebter Kino- und Bühnenheld in Amerika, besonders nachdem er bei den Dreharbeiten zu *Zum Leben verurteilt* Joan Crawford begegnet war. Für MGM arbeitete er weiterhin in zahlreichen romantischen Komödien, wie etwa *Dancing Lady*, 1933 (mit der Crawford) und *Bombshell*, 1933 (mit Jean Harlow), und bekam ein paar gute Rollen bei anderen Studios – in *Das Leben geht weiter*, 1934, für John Ford und Fox, und in *Dangerous*, 1935, für Warners.

UNTEN: Studioporträt, ca. 1933; Photograph: George Hurrell

ROBERT YOUNG

In über achtzig Filmen, die größtenteils in den dreißiger und vierziger Jahren entstanden, verlor Robert Young nie das Image des unverdorbenen, wenn auch nicht sehr bedeutenden Helden. Jahre später wirkte er in der Fernsehserie *Dr. med. Marcus Welby* so verläßlich und sympathisch wie eh und je. Ritterlicher Begleiter von Joan Crawford in *Zum Leben verurteilt*, 1933, und der verrückten Romanze *The Bride Wore Red*, 1937, gehörten zu Youngs weiteren Partnerinnen Janet Gaynor in *Carolina*, 1934, und Shirley Temple in *Stowaway*, 1936. In all diesen Filmen war er der anständige, gepflegte, ehrliche Typ und so sexy wie ein alter Socken. Sein Privatleben war immer untadelig, das beweist seine über fünfzigjährige Ehe.

OBEN: Studioporträt, ca. 1932
GEGENÜBER: aus *The Bride Wore Red*, 1937, mit Joan Crawford

ROBERT TAYLOR

Taylor war ein perfekt proportioniertes Muskelpaket, dessen makellose, strahlende Schönheit männliche Stärke verkörperte. Er betörte Tausende von weiblichen Fans und wurde zu einem großen Kassenmagneten; als er 1938 nach England fuhr, um dort mit Vivien Leigh *A Yank at Oxford* zu drehen, erwarteten ihn Tausende von Frauen am Kai von Southampton – und ein paar stöberte man unter seinem Bett auf. Seine schauspielerischen Fähigkeiten waren ausgesprochen bescheiden, aber er gab einen ausgezeichneten Partner für einige von Hollywoods stärksten Hauptdarstellerinnen der dreißiger und vierziger Jahre ab.

GEGENÜBER: Studioporträt, 1936; Photograph: Ted Allan
LINKS: aus *Personal Property*, 1938, mit Jean Harlow
UNTEN: aus *The Gorgeous Hussy*, 1936, mit Joan Crawford

Privat allerdings war er ein ruhiger Mensch, der allzu heftige Erschütterungen mied: als fügsamer, angenehmer, geduldiger Mitarbeiter blieb er sechsundzwanzig Jahre lang MGM's Angestellter. Er war zweimal verheiratet, mit Barbara Stanwyck und mit Ursula Thiess.

Man ist leicht versucht, zu sagen, daß Taylors Beliebtheit bei den großen weiblichen Filmstars hauptsächlich darin begründet war, daß er einfach herumstand und gut aussah und ihnen das Spielen überließ. Er umwarb Greta Garbo in *Die Kameliendame* und verfolgte Jean Harlow in *Privatbesitz* mit sehnsüchtigen Blicken, aber er hatte dabei immer etwas Harmloses, Gefügiges an sich. Im Gegensatz zu Errol Flynn fand sich in seinen prachtvollen Zügen keinerlei Hinweis darauf, daß er fähig wäre, ein richtig schlimmer Junge zu sein. Taylor selbst faßte die ersten Jahre seiner Karriere so zusammen: »Ich war furchtbar, der schlechteste Schauspieler der Welt. Aber ich hatte ein paar Aktivposten zu bieten – ich war ein hübscher Kerl und hatte eine gute Stimme. Deshalb kriegte ich eine Chance.«

Als gebürtiger Spangler Arlington Brough war er Musikstudent am College, wo er einem Talentsucher von MGM auffiel, als er die Hauptrolle in einer Produktion des dramatischen Clubs von »Journey's End« spielte. Er unterzeichnete einen Vertrag mit MGM für 35 Dollar wöchentlich, wurde zu Robert Taylor und begann 1935 in der klassischen Schnulze *Magnificent Obsession* als trunksüchtiger Playboy – der sich bessert und anschließend Irene Dunne selbstlos ergeben ist – seine eigentliche Karriere. Er riß das Publikum von den Stühlen und trat innerhalb eines Jahres an der Seite einiger der besten weiblichen Filmstars auf: mit Janet Gaynor in *Small Town Girl*, Loretta Young in *Private Number*, Barbara Stanwyck in *His Brother's Wife*, Joan Crawford in *The Gorgeous Hussy* und Greta Garbo in *Die Kameliendame*. In den nächsten Jahren entwickelte er ein härteres

GEGENÜBER: Studioporträt, 1936; Photograph: Frank Grimes
RECHTS: aus *Die Kameliendame,* 1937, mit Greta Garbo

Image. Er spielte neben Maureen O'Sullivan 1938 in *Der Schrei der Menge* einen Preisboxer und 1939 in *Auf in den Kampf* einen ehemals reichen Jungen, der gezwungen ist, sich seinen Lebensunterhalt zu erarbeiten und zu erkämpfen. Inzwischen hatte er in *A Yank at Oxford* zum ersten Mal gemeinsam mit Vivien Leigh vor der Kamera gestanden, und zwei Jahre später traten sie in seinem persönlichen Lieblingsfilm, dem Rührstück *Ihr erster Mann* wieder zusammen auf. Sie spielt darin eine Ballerina, die gezwungenermaßen auf die Straße geht, und er einen feschen Offizier, ihren ahnungslosen Liebhaber. Er selbst meinte: »Ich war wohl nie ein guter Schauspieler, aber sie haben mich wirklich in ein paar prima Filmen untergebracht.«

Wie vielen seiner Zeitgenossen fiel es auch Taylor nicht leicht, seine Laufbahn nach dem Krieg fortzusetzen, in dem er zwei Jahre als Fluglehrer und als Berichterstatter für *The Fighting Lady*, den preisgekrönten Dokumentarfilm über ein Kriegsschiff, tätig gewesen war. MGM hatte jedoch seine Loyalität in guter Erinnerung und verschaffte ihm einige Rollen in klassischen Filmen: 1951 spielte er in *Quo vadis?* einen römischen Centurio, der sich in eine Christin, Deborah Kerr, verliebt, und festigte damit seinen Ruf aufs Neue. Darauf folgten weitere Kostümfilme, unvergeßlich *Ivanhoe* im Jahre 1952, als er und Barbara Stanwyck geschieden wurden, und *Die Ritter der Tafelrunde*, 1954, mit ihm als Lancelot. Außerdem drehte er einige annehmbare Western. 1959 trennte er sich schließlich von MGM, trat mehrere Jahre lang in der Fernseh-Serie *The Detectives* auf und machte eine Handvoll wenig bemerkenswerter Filme, bevor er 1969 starb.

OBEN: aus *Lucky Night*, 1939, mit Myrna Loy
RECHTS: aus *Der Tote lebt*, 1942, mit Lana Turner
GEGENÜBER: aus *Der unbekannte Geliebte*, 1946, mit Katharine Hepburn

DIE KRIEGSJAHRE

Schon in den Kriegsjahren begann der Machtverfall Hollywoods und das Ende all dessen, was man dort für selbstverständlich gehalten hatte. Die Menschen, die Ende der vierziger Jahre ins Kino gingen, unterschieden sich gewaltig von den Zuschauern der Vorkriegszeit. Ost und West waren entzweit, das britische Empire in Auflösung begriffen, und ein verarmtes Europa kämpfte um seinen ideologischen, gesellschaftlichen und künstlerischen Wiederaufbau.

In Hollywood bedeutete Krieg lediglich eine Anpassung der alten Genres. Action-Filme wurden zu Kriegsfilmen und Leinwandhelden zu Kriegshelden: Errol Flynn in *Dive Bomber*, Robert Taylor in *Flight Command* und Ray Milland in *I Wanted Wings*. Sie waren sexy, tapfer und gutaussehend. Ihre Gegenspieler, die Bösen, waren jetzt deutsche Spione. Zunächst nahm Hollywood nur zögernd zu dem Konflikt Stellung, was der nationalen Politik der Sympathie, aber gleichzeitigen Nichteinmischung entsprach. Der Krieg wurde auf die leichte Schulter genommen, wie etwa in Tyrone Powers Film *A Yank in the R. A. F.*, oder allegorisch abgehandelt, so in Errol Flynns säbelrasselndem *Der Herr der sieben Meere*, in dem er England dazu aufrüttelte, die spanische Armada – beziehungsweise die Luftwaffe – zu besiegen. In *Sergeant York* spielte Gary Cooper einen Pazifisten, der zum Helden des Ersten Weltkriegs wird, nachdem ihm klargeworden ist, daß Töten unter gewissen Umständen Gottes Wille sein kann.

Echtes Interesse kam erst nach Pearl Harbour auf, als Amerika und Hollywood mit Vehemenz in den Krieg eintraten. Tyrone Power, Clark Gable und Jimmy Stewart sowie die meisten anderen männlichen Stars waren an der Seite ihres ehemals zahlenden Publikums als Soldaten und Flieger dabei. Es war eine Ära der Propaganda, Dokumentarberichte und Moralapostel, wobei Hollywood Uncle Sam vorbehaltlos unterstützte. Und wie üblich wurde Phantasie in üppiger Dosis verabreicht. Bis 1946 hatte die Filmindustrie es auf die höchsten Einnahmen in ihrer Geschichte gebracht. Im Krieg waren die Leute ins Kino geflüchtet, danach wurden sie dorthin gelockt, um den wieder eingekehrten Frieden zu feiern.

Was also ging schief? Zunächst einmal war das Angebot an gutaussehenden jungen Männern geringer geworden. In den dreißiger Jahren hatten sie zu Tausenden Schlange gestanden, um einen Fuß ins Filmgeschäft zu bekommen, aber das gab es jetzt nicht mehr. Außerdem schienen die Studios nicht zu begreifen, daß sich das geistige und kulturelle Klima geändert hatte. Viele neue Stars wurden nach alten Vorbildern präsentiert und nahmen sich in einer Nachkriegswelt, in der die Voraussetzungen nicht mehr stimmten, fehl am Platz aus; Happy-Ends genügten nicht, denn man hatte erkannt, daß es durchaus nicht immer der Gute ist, der gewinnt. Es war die Zeit von Dana Andrew als unschuldiges Opfer eines Lynch-Mobs in *Ritt zum Ox-Bow*, eines Alan Ladd, ruhig, schmächtig und bösartig, des ersten amerikanischen Schauspielers, der als engelhafter Killer in Erscheinung trat, und eines John Garfield, der den Triumphzug der häßlich-schönen Kinostars einleitete.

Viele der Stars aus den dreißiger und vierziger Jahren hatten sich selbst auch verändert. Durch den Krieg älter, trauriger und klüger geworden, lief sich ihre Karriere in manchen Fällen tot – wie die von Clive Brook – oder, was noch öfter zutraf, sie stagnierte, weil sie inzwischen Männer in mittleren Jahren waren, die nicht mehr genau wußten, ob sie wirklich noch den romantischen jungen Helden spielen sollten. Die Studios jedoch bestanden darauf: in Clark Gables erstem Nachkriegfilm, *Adventure*, kündigte man ihn zusammen mit Greer Garson unter dem Motto an »Gable ist zurück, und die Garson hat ihn gekriegt«. Dieser Slogan war ihm ungeheuer peinlich, und Freunde behaupten, daß Greer Garson eine der beiden Frauen war, die Gable tatsächlich nicht mochte – die andere war Jeanette MacDonald. Und den fertigen

Film haßte er auch. Kein Wunder, daß es ein Reinfall wurde. Gable machte nach dem Krieg noch bessere Filme als diesen, aber das geschah eher trotz der mangelnden Sensibilität von Hollywoods Filmindustrie und ihrer Tendenz, auf alte Ideale zurückzugreifen, als aufgrund ihrer Versuche, einen neuen Stil zu kreieren.

Bezeichnenderweise ging die wankende Position des Leading Man einher mit der zunehmenden Stärke der Leading Ladies. Rita Hayworth, Betty Grable und Lana Turner strahlten die Kraft aus, die ihren Gegenspielern mehr und mehr fehlte: war es Zufall oder lag es an ihren Rollen? Man fing an, männliche Hauptdarsteller in einem neuen Licht zu präsentieren, wie etwa William Holden als schäbigen Gigolo in *Boulevard der Dämmerung*, 1950.

Ein weiterer Faktor spielte zu dieser Zeit eine Rolle. 1947 startete das House Un-American Activities Committee (Komitee zur Überwachung unamerikanischer Umtriebe) seine Attacken. So manches kreative Talent, das der Filmindustrie über eine kritische Periode in ihrer Geschichte hätte hinweghelfen können, wurde durch einen öffentlichen Hurrapatriotismus aus der Branche vertrieben, der Hollywood in den Augen der Welt diskreditierte. Karrieren und Leben wurden zerstört: John Garfield, der den linksgerichteten Kollegen aus seiner Jugendzeit ein loyaler Freund blieb, fand sich nur schwer damit ab, daß er nun geächtet und übergangen wurde, und man schrieb seinen frühen Tod dieser Situation zu.

Es gab allerdings auch Positives. Desillusionierung und Zusammenbruch kamen unter der Hand zum Ausdruck, oft im *film noir*, der nach John Hustons *Die Spur des Falken* stilprägend für die Kriminalfilme der vierziger Jahre wurde. Der neue Heldentypus – auf der Seite der Guten, aber nicht unbedingt auf der des Gesetzes – wurde besonders eindrucksvoll durch die Figur des Privatdetektivs verkörpert, der krumme Wege geht und von Raymond Chandler und Dashiell Hammett unsterblich gemacht wurde. Humphrey Bogart stellte diese Ambivalenz perfekt dar. Er wurde zu einem der überzeugendsten männlichen Leinwandcharaktere: zum Helden, der die unechten »guten« Eigenschaften und herrschenden Wertvorstellungen abgelegt hat. Als einsamer, romantischer Individualist verbarg er seine Gefühle hinter zynischem Verhalten; in *Entscheidung in der Sierra* und *Die Spur des Falken* spielte er den »harten Burschen«, der seinem eigenen strengen Ehrenkodex folgt, ein Typ, auf den schließlich auch Clint Eastwood und Nick Nolte zurückzuführen sind. Wie Gable, Grant und Cooper war Bogart bei Männern ebenso beliebt wie bei Frauen; anders als sie war er jedoch attraktiv, ohne auf konventionelle Art schön zu sein. Er signalisierte einen fundamentalen Wechsel in der Meinung darüber, welcher Mann anziehend war und demnach auch als Hauptdarsteller eingesetzt wurde.

Tausende von Kilometern entfernt entwickelte Jean Gabin, der größte französische Kinostar aller Zeiten, ein bemerkenswert ähnliches Image. Das englische Publikum dagegen wurde mit nichtssagenden Nachkriegskomödien über die vornehmen Leute abgespeist, in denen der in Mylady verliebte Diener sich stets als verkleideter Erbe eines Herzogtums herausstellt und Debütantinnen bis zum Morgengrauen tanzen, ohne die Kleider abzulegen. Ihre Leinwandhelden waren von ganz anderem Schlag, britisch galant und von untadeliger Haltung. Aber auch bei ihnen – etwa bei Stars wie Michael Wilding und Rex Harrison – gab es unterschwellige Anzeichen dafür, daß nicht alles so war, wie es nach außen schien.

ERROL FLYNN

Errol Flynn war einer der bestaussehenden romantischen Stars, die Hollywood je hervorbrachte. Er war ein Galan mit graziös-geschmeidigem Körperbau, und seine virile Ausstrahlung machte ihn zum personifizierten Traumbild für Männer und zum Objekt weiblicher Phantasien. Sein Privatleben jedoch war unausgeglichen und tragisch. Er lebte jahrelang am Rande einer Katastrophe, bevor er schließlich in Ungnade fiel.

Vor Hollywood war er in England beim Theater gewesen, und 1935 kam er erstmals zu Starruhm in *Unter Piratenflagge*, zusammen mit Olivia de Havilland, die ebenfalls ein neues Gesicht auf der Leinwand war. Ihr großartiges Zusammenspiel machte *Der Verrat des Surat Khan* von 1936, *Robin Hood, der König der Vagabunden*, 1938, und *Sein letztes*

GEGENÜBER: Porträt, ca. 1939
LINKS: aus *Robin Hood, der König der Vagabunden*, 1938, mit Olivia de Havilland
UNTEN: Porträt, ca. 1935

Kommando, 1941, zu enormen Kassenschlagern. Wie bei Doug Fairbanks sen. war es auch bei ihm oberstes Prinzip als Hauptdarsteller, daß er sich nicht damit zufrieden gab, eine Dame zum Essen auszuführen, wenn er eine Schloßmauer erklettern konnte, um sie vor dem Sheriff von Nottingham zu erretten. Das waren die goldenen Jahre für Flynn, als er ein Superstar war, der von Zuschauern, Studio und Presse vergöttert wurde. Er spielte mit David Niven in *Patrouille bei Morgengrauen*, war Bette Davis' Partner in *Günstling einer Königin*, 1939, zähmte den Westen in *Der Herr des Wilden Westens* und ließ in *Der Herr der sieben Meere* den Säbel rasseln, immer in der Rolle des tapferen, mannhaften Helden, der ohne ein Schwert zwischen den Zähnen oder einen Bogen in der Hand nicht vollständig angezogen ist.

Seine Jugend war ebenso abenteuerlich wie die Lebensläufe in seinen Filmen. Der als Sohn eines Meeresbiologen in Tasmanien geborene Flynn hatte kein gutes Verhältnis zu seiner Mutter und ging mit siebzehn Jahren nach Neu-Guinea, nachdem er aus zahlreichen Schulen hinausgeworfen worden war. Dort versuchte er sich in den Goldminen, war Verwalter einer Tabakplantage und arbeitete bei der Küstenwache.

Bald darauf heiratete Flynn die französische Schauspielerin Lili Damita. Er war nicht gerade ein vorbildlicher Ehemann und hatte den Ruf eines Schürzenjägers, aber seine Eskapaden wurden mit einem Lachen abgetan, bis man ihn 1942 beschuldigte, mit zwei minderjährigen Mädchen geschlafen zu haben. Der Fall ruinierte ihn, obgleich er freigesprochen wurde. Er ließ sich von Lili scheiden, ging eine neue Ehe ein, aus der zwei Töchter hervorgingen, wurde wieder geschieden und heiratete 1950 Patrice Wymore. In der Zwischenzeit hatte seine Popularität nachgelassen, obwohl er weiterhin in wichtigen Filmen, darunter *Zwischen Paris und Madrid*, 1957, aufgetreten war. Er trank sehr viel, hatte noch einmal eine Affäre mit einem Teenager und starb 1959.

OBEN: aus *Der Herr des Wilden Westens*, 1939, mit Olivia de Havilland
RECHTS: aus *Gegen alle Flaggen*, 1946, mit Maureen O'Hara

ALAN LADD

Alan Ladd konnte seine Popularität selbst nie verstehen; nur knapp 1,70 m groß, mußte er sich auf eine Kiste stellen, um Auge in Auge mit anderen Schauspielern dazustehen, und seinen Körperbau bezeichnete er einmal als den eines unterernährten Federgewichts. Gleichzeitig sah er aber sehr gut aus und hatte etwas unterschwellig Gewalttätiges sowie den Blick eines seelisch Leidenden an sich, was ihn ebenso attraktiv als schweigsamen, verletzlichen guten wie als bösen Protagonisten machte. Zum Star wurde Ladd über Nacht durch die Rolle des blonden Killers im Trenchcoat in *Narbenhand*, 1942, und er blieb zwanzig Jahre lang an der Spitze, obwohl er relativ wenige gute Filme machte. Ein unvergeßlicher Part war die Rolle in dem epischen Western *Mein großer Freund Shane*, in dem Ladd sein Leinwandimage benutzte, um die verborgene Skrupellosigkeit anzudeuten, die den dargestellten Charakter erst glaubwürdig machte.

Ladd hatte seinen Vater, einen Buchhalter, schon als Dreijähriger verloren, war während der Depression in Kalifornien aufgewachsen und hatte in verschiedenen Gelegenheitsjobs und als Statist und Techniker gearbeitet, bevor er seine prägnante Stimme beim Rundfunk erprobte und seine Agentin Sue Carol heiratete. Allmählich kamen Angebote vom Film, und nach seinem Erfolg neben Veronica Lake in *Narbenhand* traten die beiden auch in *Der gläserne Schlüssel*, 1942 und *Die blaue Dahlie*, 1946, beides gute Thriller, wieder zusammen auf. Der Höhepunkt seiner Karriere war 1953 mit *Mein großer Freund Shane* bereits überschritten, aber Ladd hatte darin eine klassische Rolle als Scharfschütze, der sein Gewerbe eigentlich aufgeben will, aber zum Töten gezwungen ist, um das Leben anderer zu retten. Später schlug Ladd den James-Dean-Part in *Giganten* aus, verlor gegen Ende der fünfziger Jahre sein gutes Aussehen, trank viel und drehte zum größten Teil belanglose Filme. Mit einundfünfzig starb er an einer Überdosis Beruhigungsmittel.

RECHTS: Pressephoto für *Narbenhand*, 1942, mit Veronica Lake

JOSEPH COTTEN

Cotten war schon ein hervorragender Bühnenschauspieler, als er als Protegé von Orson Welles zum Film kam, der 1941 in *Citizen Kane* Cottens harte, zynische Seite herausstellte und in *Der Glanz des Hauses Amberson* und *Von Agenten gejagt*, beide 1942, seine unnachgiebige, ruhige Autorität zeigte, bevor er ihn in *Der dritte Mann* den Schriftsteller spielen ließ, der Harry Lime durch die von Zithermusik geschwängerten Straßen Wiens verfolgt.

Hitchcock sah hinter Cottens romantischer Fassade etwas Gequältes und gab ihm 1949 in *Sklavin des Herzens* die Rolle eines Ex-Sträflings, der mit der trunksüchtigen Ingrid Bergman verheiratet ist, und 1943 in *Im Schatten des Zweifels* die des eleganten, gutaussehenden Mörders mit einem pathologischen Haß auf alte Frauen, in der Cotten einen starken Ekel vor Sexualität vermittelt. Weitere gute Leistungen bot er als edler Bruder des bösen Gregory Peck in *Duell in der Sonne* und als nach Erfolg strebender Künstler, der sich in *Jenny* in Jennifer Jones verliebt. Für diese Rolle wurde er 1948 bei den Filmfestspielen in Venedig als bester Schauspieler ausgezeichnet. Anschließend verlief seine Karriere weniger großartig; nach Marilyn Monroes Ehemann in *Niagara*, 1953, spielte er weitere Pantoffelhelden mittleren Alters und 1971 einen Chirurgen, der in *Das Schreckenskabinett des Dr. Phibes* von Vincent Price verfolgt wird. Orson Welles brachte ihn 1958 dazu, daß er anonym als betrunkener Leichenbeschauer in *Im Zeichen des Bösen* auftrat.

LINKS: Studioporträt, ca. 1944; Photograph: John Miehle

RAY MILLAND

In den dreißiger Jahren etablierte sich Ray Milland als liebenswürdig lächelnder romantischer Held, aber im Laufe der nächsten zehn Jahre wurde seine Leinwandpersönlichkeit düsterer und interessanter, etwa in Billy Wilders *Das verlorene Wochenende*, 1945, wo er sich als beharrlich selbstzerstörerischer Alkoholiker präsentiert. Unter dem Namen Reginald Truscott-Jones in Wales geboren, begann er Ende der zwanziger Jahre beim britischen Film, hatte als Spike Milland sein Hollywood-Debüt und brachte es nach erneutem Namenswechsel schon bald zum Hauptdarsteller. 1935 spielte er in *The Gilded Lily* neben Claudette Colbert einen Lord, 1937 in *Mein Leben in Luxus* den Sohn eines Großindustriellen und 1941 in *I Wanted Wings* einen reichen Playboy.

1942 gab ihm Billy Wilder in *Der Major und das Mädchen* eine schwierigere Rolle, in der er sich auf beunruhigende Weise zu einer als minderjähriges Kind auftretenden Ginger Rogers hingezogen fühlt. Milland erhielt auch weiterhin interessante Parts: wiederum neben Ginger Rogers in *Lady in the Dark*, 1944; als Stutzer, der Paulette Goddard in *Eine Lady mit Vergangenheit*, 1945, den Zugang zur guten Gesellschaft ermöglicht, und als britischer Offizier, dem Marlene Dietrich in *Golden Earrings*, 1947, aus Nazi-Deutschland heraushilft.

Mit über fünfzig wechselte er dann ganz die Richtung, indem er in einigen sehr guten Billig-Produktionen mitspielte und manchmal auch Regie führte: *Der Mann mit den Röntgenaugen*, *Panic In Year Zero!* und *The Thing with Two Heads*. Eine seiner besten späten Rollen hatte er 1954 in Hitchcocks *Bei Anruf Mord*, wo er als charmanter Ex-Tennisstar den Mord an seiner Frau, Grace Kelly, plant. In neuerer Zeit war er – nicht eben an herausragender Stelle – als Ryan O'Neals Vater in *Love Story*, 1970, zu sehen und trat als würdiger älterer Herr in Hollywood- und Fernseh-Produktionen auf.

OBEN: aus *Mein Leben in Luxus*, 1937, mit Jean Arthur

HUMPHREY BOGART

Die Quintessenz aller Bogart-Rollen ist Rick, der im Exil lebende Kaffeehaus-Besitzer aus *Casablanca*; zutiefst verletzt, aber immer noch angerührt von Ingrid Bergman, entscheidet er sich schließlich für Ehrenhaftigkeit und Selbstbeherrschung statt für seine Liebe. Diese Figur wurde zum Vorbild für eines der eindrucksvollsten Männlichkeitssymbole der Leinwand – den intelligenten Zyniker am Rande der Gesellschaft, der seinem eigenen Ehrenkodex folgt und nur selten seinen emotionalen Schutzschild herabläßt, weil er das dann einsetzende Chaos voraussieht. Anfang der 60er Jahre wurde *Casablanca* zum Kultfilm und Bogart zur Kultfigur. Bogie-Süchtige, viele von ihnen jünger als der Film selbst, wußten ganze Teile des Dialogs auswendig: »Ich schau dir in die Augen, Kleines«, »Wir haben immer noch Paris«, »Die Probleme von drei unwichtigen Menschen spielen in dieser verrückten Welt nun wirklich keine Rolle«. Es war eine Ära des von Menschen angerichteten Unheils – kalter Krieg, politische Morde, Korruption, Umweltverschmutzung –, und die junge Generation fand hier ihren zynischen, pessimistischen, aber äußerst romantischen Fünfsterne-Helden.

Bogart war klein und stämmig und nach herkömmlichen Maßstäben nicht sonderlich gutaussehend. »Wie kann ein häßlicher Mann nur so attraktiv sein?« wunderte sich Marta Toren in *Sirocco – Zwischen Kairo und Damaskus*. Tatsächlich konnte Warners sich ihn als Herzensbrecher überhaupt nicht vorstellen, und so wurde er in den dreißiger Jahren immer wieder überwiegend als hartgesottener Bursche eingesetzt. Er behauptete später, daß er in seinen ersten vierunddreißig Filmen zwölfmal erschossen, achtmal auf dem elektrischen Stuhl oder mit dem Strang hingerichtet wurde und neunmal als Knastbruder auftrat. Wie Cagney hatte er eine unnachahmliche Sprechweise, die sich ideal für Gangster-Rollen eignete; er sprach, als ob er Eisenspäne kaute und hatte dabei

GEGENÜBER: Studioporträt, ca. 1939
OBEN: aus *A Devil With Women*, 1930, mit Mona Maris
LINKS: aus *Entscheidung in der Sierra*, 1941, mit Ida Lupino

ein ganz schwaches, oft imitiertes Lispeln. Seine unsentimentale Verletzlichkeit, seine beiläufig ritterliche Haltung und die prickelnde Mischung aus Distanz und Intimität machten ihn aber auch zu einem der großen romantischen Helden.

Bogart begann seine Karriere als jugendlicher Liebhaber am Theater und setzte sie dann an der Westküste bei Fox fort, für die er eine Handvoll Filme drehte, darunter 1930 *Up the River*, der seine lebenslange Freundschaft mit dem Hauptdarsteller Spencer Tracy begründete. Von Fox wurde Bogart jedoch fallengelassen, und erst 1936, als Leslie Howard Warner Brothers überredete, die Rolle des Duke Mantee in *Der versteinerte Wald* mit Bogart (statt mit Edward G. Robinson) zu besetzen, weil er sie auf der Bühne so gut gespielt hatte, etablierte er sich in Hollywood. Sein Erfolg trug ihm den Platz als einer von Warners' Stammgangstern ein, und er trat in einer Reihe Schwere-Jungs-Filme auf, von denen die besten *San Quentin*, 1937, und *Nachts unterwegs*, 1940, waren.

In den nächsten fünf Jahren drehte Bogart einige seiner Klassiker. 1941 spielte er den einsamen Außenseiter in *Entscheidung in der Sierra* und 1942 Sam Spade in *Die Spur des Falken*. 1942 war er als Rick der Hauptdarsteller von *Casablanca*. 1944 kam dann *Haben und Nichthaben*, die Verfilmung eines Hemingway-Romans, in der er einen Neuling namens Lauren Bacall zur Partnerin hatte. Sie war erst zwanzig, er fünfundvierzig, aber sie verliebten sich Hals über Kopf, und er ließ sich von seiner dritten Frau scheiden – einer flatterhaften Blondine namens Mayo Methot, die es im Trinken und Zuschlagen stets mit ihm aufgenommen hatte –, um die Bacall zu heiraten. Die knisternde Erotik zwischen den beiden ist in *Tote schlafen fest*, 1946, und *Gangster in Key Largo*, 1948, verewigt. Die Spannung in den Szenen mit Bogart und der Bacall wirft die Frage

OBEN: aus *Casablanca*, 1942, mit Ingrid Bergman
RECHTS: aus *Abenteuer in Panama*, 1942, mit Mary Astor
GEGENÜBER: aus *Die schwarze Natter*, 1947, mit Lauren Bacall

auf, ob echte Liebende ein überzeugenderes Paar auf der Leinwand abgeben. Gewiß war ihr Zusammenspiel wegen des wirklichen Gefühls zwischen ihnen faszinierend. Andererseits paßten aber auch Bogart und die Bergman als Filmpaar prächtig zusammen – der zynische, ablehnende Rick, kalt, hart und in sich gekehrt, und die sanfte, großzügige Ilsa, so offen und verletzlich – und dennoch geht das Gerücht, daß Bogart fast eine Abneigung gegen seine Partnerin hatte. Aber vielleicht war es gerade das, was ihrem endgültigen Abschied seinen besonderen Nachdruck verlieh.

In einer Zeit, die allgemein – politisch wie gesellschaftlich – konservativ war, rührten Bogart und die Bacall laut die Werbetrommel für Adlai Stevenson und die Demokraten; außerdem war Bogart privat als starker Trinker bekannt und erwiesenermaßen in ein paar üble Geschichten verwickelt. Trotzdem bekam er weiterhin gute Rollen und drehte noch einige unvergeßliche Filme, darunter 1950 *Einsamer Ort* mit Gloria Grahame, 1948 *Der Schatz der Sierra Madre*, 1954 *Die Caine war ihr Schicksal* und 1951 mit Katharine Hepburn *African Queen*, bevor er den Kampf mit dem Krebs aufnahm. Sein letzter Film war *Schmutziger Lorbeer*, 1956, und er starb im Januar 1957.

GEGENÜBER: Studioporträt, 1946; Photograph: Bert Six
RECHTS: aus *Dead Reckoning*, 1947, mit Lizabeth Scott

SPENCER TRACY

Spencer Tracy trat das erste Mal – am Broadway – als Roboter auf, aber er gelangte schnell zu Ruhm und Ehre, indem er Charaktere spielte, die zwar nicht fehlerfrei, aber im Grunde gut und ehrlich waren; starke, integre Männer, die das normale Amerika repräsentierten. Er war der Sohn eines Lastwagenhändlers, schroff, würdevoll, aber auch scharfzüngig, und hatte ursprünglich vorgehabt, Priester zu werden. In einigen seiner besten Rollen kam sein katholischer Sinn für Redlichkeit wieder zum Vorschein. Er sagte von sich, sein Gesicht sei »so langweilig wie ein Scheunentor«, aber dank seiner Liaison mit der Hepburn, privat wie auf der Leinwand, war auch sein romantisches Image sehr ausgeprägt.

Sein Filmdebüt hatte Tracy 1930 in John Fords *Up the River*, und obgleich er Fox viel Erfolg einbrachte, war er nicht gerade der Fügsamste und wurde 1935 hinausgeworfen. Prompt unterzeichnete er bei MGM und machte in den nächsten Jahren zwei herausragende Filme; für beide bekam er einen Oscar: den ersten 1937 für *Manuel* und den zweiten im Jahr darauf für seine Darstellung in *Teufelskerle*.

Seine großartige Filmpartnerschaft mit Katharine Hepburn begann 1942 mit *Die Frau, von der man spricht*, und sie spielten auch weiterhin in wundervollen Komödien zusammen, in denen es um den Wettstreit zwischen männlicher List und weiblicher Tücke ging. Eines der besten Beispiele war das Anwaltsehepaar in *Ehekrieg*, einem Film, der gewiß repräsentativ für die Auffassung von Männlichkeit in den vierziger Jahren war, nach der beide Geschlechter sich zwar gegenseitig austricksen konnten, aber der Mann im Schlafzimmer immer noch das Sagen hatte. Privat verband Tracy eine lebenslange romantische Freundschaft mit der Hepburn, aber er ließ sich nie von seiner Frau, Louise Treadwell, scheiden, und die Beziehung wurde von den damaligen Klatschkolumnisten diskret behandelt. Aus dem durch seine schlechte Gesundheit verursachten Ruhestand tauchte Tracy 1967 mit der Hepburn noch einmal in *Rate mal, wer zum Essen kommt* auf. Er starb kurz nach Beendigung der Dreharbeiten.

OBEN: aus *Die Frau, von der man spricht*, 1942, mit Katharine Hepburn
GEGENÜBER: Pressephoto, ca. 1931

DANA ANDREWS

Dana Andrews war der Typ des anständigen, durch und durch amerikanischen Mannes, dessen gutes Aussehen manchmal auch etwas Verschmitztes oder Unsicheres an sich hatte. Er kam ziemlich spät zum Film; bevor Sam Goldwyn ihn Ende der dreißiger Jahre unter Vertrag nahm, hatte er sich zum Buchhalter ausbilden lassen. Während des Krieges reifte er zum Hauptdarsteller heran. Bezeichnenderweise handelte es sich dabei oft um einen guten Menschen, der schlechte Karten hat: der von einem Lynch-Mob aufgehängte unschuldige Sündenbock in *Ritt zum Ox-Bow,* 1942; der von Liebe verzehrte Detektiv in Premingers *Laura,* 1944; der dem Alkohol Verfallende in *Die besten Jahre unseres Lebens,* 1946, und der als Mörder Verleumdete in *Jenseits allen Zweifels,* 1956.

OBEN: Pressephoto für *The Purple Heart,* 1944

GLENN FORD

Glenn Ford, der gewöhnlich den liebenswerten, aber starken Helden mit entsprechend zusammengebissenen Zähnen und leise drohender Stimme mimte, kam 1946 neben Rita Hayworth in *Gilda* für die brillante Darstellung einer gequälten Seele mit Volldampf zum Ruhm. Ford hatte in den dreißiger Jahren am Theater und in einer Reihe zweitklassiger Filme gearbeitet, bevor er 1946 mit Bette Davis in *Die große Lüge* auftrat. Privat spielte er Hauptdarsteller bei Judy Garland, Angie Dickinson und Hope Lange und heiratete 1943 Eleanor Powell.

Seine Wandlungsfähigkeit bewies Ford in Rollen wie der des pathologischen Polizisten in Fritz Langs *Heißes Eisen,* 1953, der den Mord an seiner Frau rächt, als Lehrer in *Die Saat der Gewalt* von 1953 und als amerikanischer Offizier in *Das kleine Teehaus* von 1956.

UNTEN: aus *Affair in Trinidad,* 1952, mit Rita Hayworth

JOHN GARFIELD

Als häßlich-schöner Vorläufer von Brando und James Dean spielte Garfield harte, zynische Typen von der Straße, die von der Gesellschaft ins Verbrechen getrieben werden. Er wirkte sexuell äußerst zwielichtig, was zum ersten Mal bei einem Star akzeptiert wurde, der ein Sex-Idol für die Massen sein sollte. Sein richtiges Leben hatte große Ähnlichkeit mit seinem Leinwand-Image: Er war als Julius Garfinkel in New York geboren, seine Mutter starb, als er sieben war, und verbrachte die meiste Zeit auf der Straße. Nachdem er ein Stipendium für die Ouspenskaya Drama School erhalten hatte, begann seine Freundschaft mit dem Bühnenautor Clifford Odets, er kam in Kontakt mit dem linksgerichteten Group Theatre und lenkte zum ersten Mal die Aufmerksamkeit in Odets' Stück »Awake and Sing« auf sich. Garfields politische Loyalität sollte später seinen Ruin bedeuten; nachdem er sich Anfang der 50er Jahre weigerte, dem House Un-American Activities Committee Namen zu nennen, fand er nur noch sehr schwer Arbeit.

Garfields kurzes, rebellisches und skandalträchtiges Leben war äußerst ereignisreich. Zu seinen besten Filmen gehörten das schwüle Melodram *Im Netz der Leidenschaften,* 1946, mit Lana Turner; im darauffolgenden Jahr war er in *Humoreske* Joan Crawfords Liebhaber und in *Jagd nach Millionen* ein Boxer. In *Die Macht des Bösen,* 1948, zeigte er eine außerordentliche Leistung als Rechtsanwalt, der ins Glücksspiel verstrickt ist. Im Privatleben war er ein starker Trinker und Raucher; er hatte mit sechsunddreißig seinen ersten Herzanfall, zahlreiche Affären und sexuelle Eskapaden. Seine letzte gute Hauptrolle war die in *Menschenschmuggel,* 1950.

OBEN: Pressephoto für *We Were Strangers,* 1949

MICHAEL WILDING

REX HARRISON

Michael Wilding war ein flotter, charmanter, gutaussehender Bursche, der zu den beliebtesten britischen Leinwandhelden gehörte, von denen man erwartete, daß sie immer Haltung bewahrten. Als Sohn eines Offiziers und einer Schauspielerin begann Wilding seine Karriere als Gebrauchsgraphiker und kam durch die künstlerische Abteilung eines Studios zum Film. Da er in Noël Cowards Seemannsgarn *Wofür wir dienen,* 1942, mitgespielt hatte, bot er sich später ganz selbstverständlich für seichte Konfektionsware wie *Tanz in den Frühling,* 1948, an, wo er als Anna Neagles Lakai auftritt, und für *Der gläserne Pantoffel,* 1955, in dem er Leslie Carons Traumprinz ist. In den USA wurde er außerdem als einer der Ehemänner von Elizabeth Taylor berühmt.

UNTEN: Pressephoto für *Schicksal von gestern,* 1946, mit Anna Neagle

Bei Rex Harrison waren die englischen Gentlemen zwar sehr kultiviert, aber oft keine Ehrenmänner. Gewöhnlich trat er als freundlicher Schönling auf, und obgleich Noël Coward der Meinung war: »Nach mir sind Sie der Beste für leichte Komödien« hatte sein leichtfertiges Benehmen einen Anflug von Sadismus.

Harrisons internationale Karriere kam nach dem Krieg richtig in Gang, als er nach Hollywood ging und dort 1946 in *Anna und der König von Siam* mitspielte. Eine Oscar-Nominierung erlangte er schon 1963 als Caesar, Gegenspieler von Liz Taylor in *Cleopatra,* und gewann dann den Preis als Henry Higgins in dem Musical *My Fair Lady,* 1964. Allgemein als Sexy Rexy bekannt, war er sechsmal verheiratet, darunter mit Lilli Palmer, Kay Kendall und Rachel Roberts.

OBEN: Pressephoto für *Was weiß Mama von Liebe?,* 1958, mit Kay Kendall

JEAN GABIN

Jean Gabin machte sich im Frankreich der 30er Jahre als hartgesottener, dem Untergang geweihter Anti-Held einen Namen, bevor er in die Rollen des kraftvollen älteren Mannes vom Typ Spencer Tracys hineinwuchs; viele seiner Eigenarten deuteten schon auf Belmondo und Depardieu hin – eine gewisse Derbheit, Aufrichtigkeit und Integrität. Er überlebte sämtliche Kinomoden und war Ende der sechziger Jahre erstaunlicherweise in seiner Heimat noch immer der populärste Schauspieler.

Als Sohn von Varieté-Künstlern war er zunächst einfacher Arbeiter, bevor er als Tänzer in den Folies-Bergère zum Show-Geschäft kam. Auf seinen ersten Film, *Chacun sa chance,* 1930, folgten in den nächsten zehn Jahren hervorragende Rollen in Klassikern des französischen Kinos, wie etwa in *Pépé le Moko – Im Dunkel von Algier,* wo er einen Pariser Verbrecherkönig spielt, der aus Liebe zu einer Frau sein Versteck verläßt und von der Polizei abgeschlachtet wird, und in *Die große Illusion,* wo er den Offizier aus der Arbeiterklasse in einem Gefangenenlager des Ersten Weltkriegs darstellte. 1939 spielte er in *Der Tag bricht an* einen Fabrikarbeiter, der den Wüstling Jules Berry umbringt und dann in einem Hotelzimmer darauf wartet, daß ihn die Polizei abholt.

Ein Jahr später beschloß Gabin, sein Glück in Hollywood zu versuchen, aber die Verpflanzung war nicht erfolgreich, und er kehrte nach Europa zurück, um an der Seite des Freien Frankreich zu kämpfen. Seine Filme mit Regisseuren wie Carné, Becker und Renoir in den vierziger und fünfziger Jahren waren von gleichbleibend hoher Qualität, und 1958 spielte er zum ersten Mal Simenons Helden, den Polizeibeamten, in *Kommissar Maigret stellt eine Falle.* Als er 1976 starb, war er längst zu einer nationalen Institution geworden.

OBEN: aus *Bestie Mensch,* 1938, mit Simone Simon

PAUL HENREID

OBEN: aus *Reise aus der Vergangenheit,* 1942, mit Bette Davis

GEGENÜBER: Studioporträt, 1938; Photograph: László Willinger

Ganz der wohlerzogene, ritterliche Mann, schaffte es Paul Henreid, die Sympathien des Publikums von *Casablanca* zu gewinnen, obgleich er darin als der mit Ingrid Bergman verheiratete Widerstandskämpfer dem Star Humphrey Bogart großen Kummer macht. Eine weitere berühmte Rolle spielte er 1942 neben Bette Davis in *Reise aus der Vergangenheit.* Wie andere Europäer – Boyer, und Colman – galt er bei den Amerikanern als Inbegriff eines Mannes mit guten Manieren. Er wurde bei seinen weiteren Auftritten zwar nicht so überzeugend, aber meistens auch als eleganter Liebhaber eingesetzt.

Der Sohn eines reichen Wiener Bankiers wurde im damals noch zu Österreich gehörenden Triest geboren; er war zunächst im Verlagswesen tätig, bevor er an Max Reinhardts Wiener Theater zum Star wurde. Anschließend arbeitete er in England und ging Anfang der vierziger Jahre nach Hollywood. Er wurde amerikanischer Staatsbürger, übernahm in den nächsten Jahren romantische Nebenrollen, und als seine Anziehungskraft in den fünfziger Jahren nachließ, versuchte er sich als Film- und Fernseh-Regisseur. Eine denkwürdige Rolle spielte er 1964 in *Der schwarze Kreis,* wo er von einem Zwillingspaar, beide Bette Davis, umzingelt wird.

TYRONE POWER

Darryl F. Zanuck nannte Tyrone Power »den Echtesten, Ansehnlichsten, Besten von allen«. Sicher, er war recht nett, sehr attraktiv und hatte ein gewisses Schauspieltalent, das vielleicht entwicklungsfähig gewesen wäre, wenn sein Charme und sein gutes Aussehen ihn nicht so sehr auf die Rolle des romantischen Abenteurers festgelegt hätten. Ab Ende der dreißiger Jahre war er ein Jahrzehnt lang Fox's wichtigster Kassenschlager, wandlungsfähig genug, um sowohl in Musicals und Western als auch in Kostümfilmen Hauptrollen zu übernehmen. Seine beste Darbietung war die des agilen Helden in der Maske des weibischen Gecken in *Das Zeichen des Zorro,* 1940, der mit dem berühmten Schwertduell mit Bösewicht Basil Rathbone endet. Nach dem Krieg spielte Power auch ernsthaftere Parts, aber nie mehr mit soviel Erfolg. »Mir hängen diese Ritter in funkelnder Rüstung zum Hals raus«, sagte er einmal, »ich würde gern etwas Lohnenderes machen, Stücke und Filme, die eine Aussage haben.« Leider wollte ihn jedoch sein Publikum nicht in unsympathischen Rollen sehen, und so war er dazu verdammt, auch den Rest seiner Karriere überwiegend kostümiert und säbelrasselnd zu bestreiten.

Als Sohn des Matinee-Idols und Stummfilmstars Tyrone Power sen. und Urenkel eines berühmten Schauspielers mit demselben Namen ging Power jun. schon als Teenager zum Theater, kam dann über Nebenrollen zu seinem ersten großen Erfolg in *Lloyds of London,* 1937, und spielte den Titelhelden in *Jesse James, Mann ohne Gesetz.* Seine Eignung für Kostümrollen bestätigte sich in *Nacht über Indien,* 1939, wo er einen indischen Arzt spielte, in den sich Myrna Loy verliebt. Darauf folgten *Das Zeichen des Zorro* und weitere Helden, wie etwa der Pirat an der Seite von Maureen O'Hara in *Der Seeräuber,* 1942, der verstoßene Erbe, der in *Der Kapitän von Kastilien,* 1947, mithilft, Mexiko zu erobern, und der Renaissance-Abenteurer aus *In den Klauen des Borgia,* 1949.

Nach dem Kriegsdienst erhielt er 1946 einen interessanteren Part in *Auf Messers Schneide* und hatte 1947 den Beifall der Kritiker als Jahrmarktschreier, der

zum falschen Hellseher wird, in dem »film noir« *Der Scharlatan.* Er schaffte es aber nicht, seinem Vorkriegs-Image zu entkommen, und wurde in den verschiedensten Genres wieder als schlichter Abenteurer eingesetzt. 1958 spielte er in Billy Wilders Melodram *Zeugin der Anklage* einen Mann, der wegen Mordes an Norma Varden vor Gericht steht und nur eine einzige Zeugin – seine Frau, Marlene Dietrich – hat, die ihm ein Alibi liefern kann. Im selben Jahr starb er bei Dreharbeiten an einem Herzschlag, als er sich gerade mit George Sanders für *Salomon und die Königin von Saba* duelliert hatte. Tragisch war, daß seine Frau Linda Christian erst drei Monate nach seinem Tod den Sohn zur Welt brachte, den er sich so sehnlichst gewünscht hatte.

ANDERE SEITE OBEN: aus *König der Toreros,* 1941, mit Rita Hayworth
ANDERE SEITE UNTEN: aus *Ladies in Love,* 1936, mit Loretta Young
OBEN: aus *Der Seeräuber,* 1942

DIE FÜNFZIGER JAHRE

Für das Kino waren die Fünfziger ein Jahrzehnt der Krise und Erneuerung. Die Macht der amerikanischen Studios nahm weiterhin ab. Die Anti-Trust-Gesetze zerstörten ihr Monopol, wodurch sie die Kontrolle über das Endprodukt verloren. Dennoch waren ihre Erwartungen immer noch unrealistisch hoch. Durch die antikommunistische Hexenjagd von McCarthy war Hollywood nach wie vor seiner kreativen und originellen Talente beraubt. Manche der Geächteten fanden nie wieder Arbeit, andere gingen nach Europa und verhalfen dort dem Kino zu neuer Blüte.

Der Zusammenbruch des Studio-Systems bedeutete, daß nicht mehr so viele Superstars produziert wurden. Die vierziger Jahre hatten weniger schauspielerische Dauerbrenner hervorgebracht, und die Götter der Dreißiger konnte man nicht mehr als romantische Herzensbrecher einsetzen. Neue Staranwärter gab es zwar, aber sie orientierten sich mittlerweile nicht unbedingt in Richtung Hollywood; die begabten Anfänger waren weder fügsam noch motiviert genug, sich von den Studios nach deren Vorstellungen ummodeln und als Fertigware auf den Markt werfen zu lassen. Und wenn es Talente gab, war Hollywood durchaus nicht immer darauf eingestellt, auf jedes kleinste Detail im öffentlichen oder privaten Leben ihrer Vertragspartner ein Auge zu haben.

In der Zwischenzeit begann das Fernsehen, sich als populäres Medium zu etablieren. Die Panik an der Westküste kann man sich vorstellen. Nachdem als Ergebnis des Zweiten Weltkriegs das europäische Publikum verlorengegangen war, stellte man jetzt mit Entsetzen fest, daß die bisher eifrigen Kinogänger im eigenen Lande daheim blieben, um *I Love Lucy* zu sehen. Die Antwort auf den kleinen Bildschirm in schwarz-weiß, so glaubte die amerikanische Filmindustrie, müsse die große Leinwand in Farbe sein. Die notwendige Technik stand teilweise schon seit den zwanziger Jahren zur Verfügung, aber erst jetzt erkannte man darin ein Heilmittel für die angekränkelte Branche. So wurden die fünfziger Jahre zu einer Ära der technischen Effekthascherei – Cinerama, CinemaScope, Todd-AO und 3-D –, um die Zuschauer zu beeindrucken und durch überwältigende sinnliche Erlebnisse mitzureißen. Diese Neuerungen gaben natürlich bei bestimmten Filmgenres mehr her als bei anderen: vor allem für epische Dramen, historische und biblische Stoffe und Western, angefangen von *Das Gewand* und Quo vadis? über *Weites Land* bis hin zu *Ben Hur* und *Spartacus.* Es entstanden einige zauberhafte Musicals wie *Du sollst mein Glücksstern sein,* eine der schönsten Hollywood-Produktionen überhaupt. Mit anderen Worten, das Motto lautete »Große Leinwand heißt große Themen«. Daraus ergab sich das Bedürfnis nach einer anderen Art von Hauptdarsteller, der in erster Linie in der Lage sein mußte, die riesige Projektionsfläche im Kino auszufüllen. Charlton Heston war von allen der physisch Eindrucksvollste und Präsenteste, wie er zum Beispiel als Judah Ben Hur in dem wahnsinnig spannenden Wagenrennen mit seinen weißen Pferden gegen Messalas schwarze antritt. Kirk Douglas' Energie und magnetische Anziehungskraft bestimmte alle seine Rollen, von dem Boxer Midge Kelly in *Zwischen Frauen und Seilen,* der lieber an seinen Verletzungen im Ring stirbt, als sich besiegen zu lassen, bis zu *Spartacus,* dem Gladiator, mit Augen, die so metallisch blitzen wie sein Schwert. Burt Lancaster, der sein wahres Schauspieltalent erst noch zeigen sollte, schwang sich in *Der rote Korsar* zwischen den Masten hin und her – »Glaubt alles, was ihr seht! Nein, glaubt nur die Hälfte von dem, was ihr seht!« Robert Mitchum war schon weit mehr als ein Muskelprotz; seine Karriere überstand eine Festnahme wegen Rauschgifts im Jahre 1948 – das Publikum hielt sie einfach für eine Szene aus einem seiner Filme –, was ihn zum zeitgemäßen Anti-Helden machte und den Weg für eine neue Generation von schlagfertigen, harten Burschen ebnete.

Im weiteren Verlauf der fünfziger Jahre, als Jugendliche zunehmend Geld in der Tasche hatten, schufen sie sich ihre eigenen Heroen und ihre eigene Kultur – Rock 'n' Roll. Anstatt wie bisher nach alter Manier weiterzumachen, waren die Studios in Hollywood in diesen Jahren mehr und mehr gezwungen, auf diese Tatsache Rücksicht zu nehmen. Es begann mit Filmen wie *Außer Rand und Band* und entwickelte sich zu einer Ära der Teenager-Idole: nichtssagende, blonde Hünen, muskelbepackte Tennisspieler, Surfer und männliche Pin-ups wie Tab Hunter, Troy Donahue und Frankie Avalon, die die Jugendlichen ins Autokino lockten, wo sie zwar die meiste Zeit auf dem Rücksitz beim Küssen zubrachten, aber immer noch mit einem Auge dem Film zusahen, falls Mami sie hinterher ausfragen sollte.

Das Wichtigste in den späten fünfziger Jahren war, was die Entstehung einer neuen Generation von Hauptdarstellern betraf, das Aufkommen eines neuen Schauspieler-Typs. Marlon Brando, Montgomery Clift, James Dean und später Paul Newman und Steve McQueen hatten alle in Lee Strasbergs Actors' Studio in New York studiert, dem Zentrum des »Method Acting« und des Naturalismus. Sie begannen am Theater zu einer Zeit, als es durch erfrischend unverbrauchte Ideen und Talente belebt wurde – zum Beispiel von Tennessee Williams – und übertrugen den Part der proletarischen Protagonisten von dort auf die Leinwand. Ihr Stil war völlig neu: sie nuschelten wortkarg vor sich hin, sie bereiteten sich peinlich genau auf ihre Rollen vor und probierten verschiedene Spieltechniken aus. Was noch wichtiger war, sie spielten ihre Charaktere als Menschen mit emotionalen Problemen und Mängeln statt als Männer, die schlicht und einfach gut sind – man denke nur daran, wie Brando im schweißfleckigen T-Shirt in *Endstation Sehnsucht* Vivien Leigh vergewaltigt, an James Dean, der in *... denn sie wissen nicht, was sie tun* im gestohlenen Auto bis an den Abgrund rast, oder an den gequälten Montgomery Clift, der in *Ein Platz an der Sonne* bereit ist, für Elizabeth Taylor seine Freundin zu töten. Sie alle waren Leinwandhelden, die endlich einmal den sichtbaren Realitäten des Lebens entsprechend agierten.

BURT LANCASTER

Wenn man dem Gerücht glauben will, wurde Lancaster dadurch entdeckt, daß ihn ein Theaterproduzent im Fahrstuhl für einen Schauspieler hielt und zum Vorsprechen für eine Rolle am Broadway einlud. Er bekam nicht nur die Rolle, sondern hatte sie auch solange inne, daß er schließlich den Talentsuchern aus Hollywood auffiel. Der Mann mit den eleganten, geschmeidigen Bewegungen, dessen physische Präsenz mit einer faszinierenden Sanftheit einhergeht, wuchs im rauhen East Harlem von Manhattan auf und erhielt ein Sportstipendium fürs College. Doch er ging ab, um Zirkusakrobat zu werden. In seinem ersten Film, *Rächer der Unterwelt,* 1946, war er ein Muskelprotz im Unterhemd, der auf seine Mörder wartete; er wurde damit zum Star und trat im folgenden in einigen recht lustigen und spannenden Filmen auf, darunter *Der rote Korsar,* 1952.

Weitere wichtige Rollen spielte er 1953 in *Verdammt in alle Ewigkeit,* 1957, in *Dein Schicksal in meiner Hand* und in *Der Gefangene von Alcatraz,* für den er 1962 in Venedig einen Preis gewann. Man lernte ihn als äußerst sensiblen Schauspieler schätzen. Für *Elmer Gantry* erhielt er 1960 einen Oscar, und in zwei hinreißenden Rollen für Visconti zeigte er sich von bestrickender Sanftheit und vermittelte ein eindringliches Gefühl unterdrückter Gewalttätigkeit und Leidenschaft; das erste Mal in *Der Leopard,* 1963, danach als alternder Professor, der sich mit seiner Homosexualität konfrontiert sieht, in *Gewalt und Leidenschaft,* 1974.

Als einer der ersten zeitgenössischen Schauspieler gründete er eine Produktionsgesellschaft und tritt weiterhin in bedeutenden Filmen auf, allerdings meistens als Charakterdarsteller, immer noch so vital wie eh und je.

GEGENÜBER: Pressephoto für *Rächer der Unterwelt,* 1946

OBEN: aus *Gewagtes Alibi,* 1948, mit Yvonne de Carlo

KIRK DOUGLAS

Die Leinwandpersönlichkeit von Douglas ist die eines Gehetzten: ein egozentrisches, aufbrausendes, unnachgiebiges Wesen spielt sich in seinen kalten, grimmig blickenden Augen wider. Diese Persönlichkeit findet ihren perfekten Ausdruck in seiner ersten Rolle – als Dax, ein Offizier des Ersten Weltkrieges in Kubricks *Wege zum Ruhm,* 1957, der es mit einer korrupten Armeebürokratie aufnimmt, um für eine wegen Meuterei vors Kriegsgericht gestellte Einheit Gerechtigkeit zu erlangen. In *Stadt der Illusionen,* 1952, und *Goldenes Gift*, 1947, spielte er eine eher unorthodoxe Art von Held – den ungebremsten Egoisten, der alles tut, um das zu bekommen, was er will.

Douglas' Image ist zwar das des mannhaften Ur-Amerikaners, aber in Wirklichkeit ist er der Sohn russischer Einwanderer, dem der Erfolg nicht in den Schoß fiel. Das Geld für Universität und Schauspielschule mußte er sich als Kellner, Ringer und Hotelpage verdienen. 1941 hatte er sein Debüt am Broadway, leistete dann seinen Kriegsdienst in der Marine ab und drehte danach mehrere Filme, bis er 1949 mit *Zwischen Frauen und Seilen* schließlich einen Glückstreffer landete. Er spielte darin einen Boxer, der seine eigene Oma k. o. geschlagen hätte, um nach oben zu kommen. In den 50er und 60er Jahren machte er weiterhin eine Reihe außergewöhnlicher Filme: Abgesehen von *Wege zum Ruhm* gehören dazu *Reporter des Satans,* 1951, *Vincent van Gogh – Ein Leben in Leidenschaft,* 1956, Spartacus, 1960, und *Zwei Wochen in einer anderen Stadt, 1962.*

GEGENÜBER: Studioporträt, 1946; Photograph: A. L. ›Whitey‹ Schaefer
OBEN: Pressephoto für *Das Geheimnis der Indianerin,* 1952
LINKS: aus *Stadt der Illusionen,* 1952, mit Lana Turner

GREGORY PECK

Peck sieht sich lieber als Denkmal menschlicher Anständigkeit denn als Sex-Symbol, und es wurde einmal behauptet, er sei »hölzern bis ins Mark«. Er muß in seinen Rollen so viele wertvolle Eigenschaften wie Integrität, Aufrichtigkeit und Liberalität verkörpern, daß oft kein Funke echter Lebendigkeit überspringt; das ist sein Problem. Niemand könnte jedoch von ihm behaupten, nur ein schöner Hohlkopf gewesen zu sein, als er in *Wer die Nachtigall stört* Atticus Finch spielte, einen Kleinstadtanwalt, der einen der Vergewaltigung angeklagten Schwarzen verteidigt, oder als prinzipientreuer Offizier in *Die Kanonen von Navarone* oder als Journalist in *Tabu der Gerechten,* wo er sich als Jude ausgibt, um den Antisemitismus der Amerikaner auf die Probe zu stellen. Es stimmt zwar, daß er uns selten durch leidenschaftliche Gefühle entflammt, aber er macht seine überzeugendsten Charaktere lebendig durch die moralischen Konflikte, die sie bedrängen.

Da er durch eine alte Wirbelsäulenverletzung vom Militärdienst befreit war, wurde Peck in den Kriegsjahren sehr schnell zum Hauptdarsteller, weil die Filmindustrie auf viele ihrer männlichen Stars verzichten mußte. Nach der Scheidung seiner Eltern hatte er den größten Teil seiner Kindheit bei Verwandten verbracht und schrieb sich nach seinem Studium an der Universität von Kalifornien beim Neighborhood Playhouse in New York ein. Nachdem er am Broadway gearbeitet hatte, ging er 1943 nach Hollywood und hatte 1944 dort mit *Days of Glory* sein Debüt. In seiner über dreißigjährigen Laufbahn war er in fast jedem Genre präsent: Drama, Western, Action- und Kriegsfilmen, sogar romantischen Komödien. Einige davon waren großartig. Zu seinen frühen Filmen gehören *Schlüssel zum Himmelreich,* 1945, *Die Wildnis ruft,* 1946, *Tabu der Gerechten,* 1947, und *Der Scharfschütze,* 1950. Er spielte jedoch durchaus auch andere Rollen als die des aufopfernden Heili-

GEGENÜBER: Studioporträt, 1945; Photograph: Ernest Bachrach
OBEN: aus *Ich kämpfe um Dich,* 1945, mit Ingrid Bergman
RECHTS: aus *Duell in der Sonne,* 1946, mit Jennifer Jones

gen, so etwa in *Duell in der Sonne,* 1946, und *Moby Dick,* 1956.

Pecks erste Ehe zerbrach 1953; seiner zweiten Frau Véronique, einer französischen Journalistin, begegnete er, als sie ihn für Paris Match interviewen sollte. Heute ist er einer der großen alten Männer des Films und war Präsident der Academy of Motion Picture Arts and Sciences. Er engagierte sich außerdem für viele wohltätige und politische Zwecke und hält privat an seinen liberalen Überzeugungen fest: vor ein paar Jahren entdeckte er, daß er auf Richard Nixons Liste der gefährlichen Staatsfeinde an prominenter Stelle steht.

RECHTS: Pressephoto für *Der Spieler,* 1949
UNTEN: aus *Ein Herz und eine Krone,* 1953, mit Audrey Hepburn

RICHARD BURTON

Burtons Popularität als romantische Figur hatte ihren Höhepunkt in seiner privaten Beziehung mit Elizabeth Taylor während der Dreharbeiten zu *Cleopatra,* 1963; sie brachten im Verlauf einer der aufsehenerregendsten Romanzen des Jahrhunderts zwei Ehen und zwei Scheidungen hinter sich. Von den Filmen, die sie zusammen machten, zeigte Burton nur in Mike Nichols' Drama *Wer hat Angst vor Virginia Woolf?* das Feuer, dessen er fähig war. *... die alles begehren,* 1965, und *Der Widerspenstigen Zähmung,* 1967, waren zwar romantischere, aber eher nichtssagende Produktionen.

Burton entstammt einer großen Familie in einem Bergbaugebiet in Wales, und seine volle, theatralische Stimme verlor nie ganz ihren wallisischen Tonfall. Er erhielt ein Stipendium für Oxford, erwarb einen beachtlichen Ruf am britischen Theater und wurde in Hollywood berühmt als Hauptdarsteller in *Meine Cousine Rachel,* 1953, neben Olivia de Havilland. Seine jugendlich temperamentvolle Leinwandpersönlichkeit verwandelte er mit der Zeit in das eindringliche Image eines lebensüberdrüssigen Helden: man vergleiche den ungestümleidenschaftlichen Burton, der 1959 in *Blick zurück im Zorn* Jimmy Porter spielte, mit dem desillusionierten Geheimagenten in *Der Spion, der aus der Kälte kam,* 1965; in beiden Filmen war Claire Bloom seine Partnerin. Alkoholprobleme, Krankheit und der Zusammenbruch seiner Ehen beeinträchtigten seine Arbeit zunehmend, und in den siebziger Jahren reichte es nur noch für ein paar recht belanglose Filme. Er starb während der Neuverfilmung von *1984,* die ihm seine seit Jahren interessanteste Rolle geboten hatte.

RECHTS: Studioporträt, ca. 1959; Photograph: Bert Six

WILLIAM HOLDEN

Holden bezeichnete sich einmal selbst als »Journalist des Gefühlslebens«, womit er recht scharfsinnig sowohl seine Stärken – er war fähig, sich fast jeder Rolle, von der Komödie bis zum Abenteuerfilm, und fast jedem weiblichen Star, von Sophia Loren bis Grace Kelly, anzupassen – als auch seine Grenzen aufzeigte. Seine Leinwandpersönlichkeit war zwar klar umrissen, aber doch nicht so harmlos, wie es aussah. Billy Wilder brachte das 1950 in *Boulevard der Dämmerung,* einem Film, der mit Ironie die Rolle der männlichen Stars behandelte, brillant zum Ausdruck. Holden, das schwache Männchen, das dem weiblichen Raubtier zum Opfer fällt, spielte darin einen ehrgeizigen Drehbuchautor, der zum Gigolo einer alternden Filmdiva, Gloria Swanson, geworden ist, und in der Eröffnungsszene des Films treibt er auf einem Swimmingpool wie eine tote Fliege.

Holden wurde im Pasadena Playhouse von einem Talentsucher entdeckt, und seine erste richtige Filmrolle hatte er als Boxer und Geiger Joe Bonaparte in *Golden Boy,* 1939. Sie machte ihn zum Star, und er spielte daraufhin zahlreiche Rollen als der Junge von nebenan, bevor er im Zweiten Weltkrieg als Leutnant in der Armee seinen Dienst ableistete. Sein Image als psychopathischer Mörder in *The Dark Past,* 1949, und als abgebrühter, zynischer Held des Gefängnisfilms *Stalag 17,* für den er 1953 einen Oscar gewann, war schon weitaus härter. Etwa zur selben Zeit war Holden aber auch in ein paar exzellenten Komödien zu sehen, darunter besonders in Wilders *Sabrina,* 1954, an der Seite von Audrey Hepburn. Mit zunehmendem Alter zeigte er in seinen späteren Filmen – *Die Brücke am Kwai,* 1957, *The Wild Bunch – Sie kannten kein Gesetz,* 1969, und *Network,* 1976, – die härteren, entschlosseneren Seiten seines Charakters. 1981 starb er als Alkoholiker.

GEGENÜBER: Pressephoto für *Am Wendepunkt,* 1952
OBEN: aus *Picknick,* 1955, mit Kim Nowak
LINKS: aus *Der Schlüssel,* 1958, mit Sophia Loren

ROBERT MITCHUM

Der reichlich verspätete Enthusiasmus für *Goldenes Gift* von 1947, der in jüngster Zeit eingesetzt hat, erkennt endlich Robert Mitchum den Status eines großen Filmschauspielers zu, der ihm gebührt. Es war seine klassische Rolle; der warmherzige, schlagfertige Privatdetektiv Jeff Markham, der versucht, einer ehemaligen Flamme zu entkommen: »Alles war mir egal, wenn ich sie nur hatte.« Er ist ein darstellerisches Naturtalent, dessen starke und ernsthaft-humorvolle Präsenz mit Bogart verglichen wurde, aber er ist schroffer und stoischer, weniger moralisch und verletzlich. »Sie sehen aus, als ob Sie Ärger hätten«, sagte ein Taxifahrer zu Mitchum in seiner Rolle als Detektiv, »weil Sie nicht danach aussehen.« Darin ist die ganze Ambivalenz von Mitchums eidechsenhafter Sorglosigkeit und nonchalanter Härte zusammengefaßt.

Als Jugendlicher hatte Mitchum Probleme mit den Behörden und entfloh mit sechzehn aus einem Strafgefangenenlager. Bis er schließlich Schauspieler wurde, arbeitete er als Rausschmeißer in einem Nachtclub, im Tiefbau, als Berufsboxer und Drehbuchautor. Er begann als schwerer Junge in einer Reihe von Hopalong-Cassidy-Western, aber sein großer Durchbruch kam 1945 mit *Schlachtgewitter am Monte Cassino,* der ihm eine Oscar-Nominierung als bester Nebendarsteller einbrachte. Weitere herausragende Rollen spielte er in *Verfolgt,* 1947, *Engelsgesicht,* 1952, *Die Nacht des Jägers,* 1955, *Der endlose Horizont,* 1960, und *Spiel zu zweit,* 1962. Trotz einiger heißer Affären schon seit Ewigkeiten verheiratet, hat er eine Tochter und zwei Söhne, die beide Schauspieler geworden sind.

OBEN: aus *Macao,* 1952, mit Jane Russell
LINKS: aus *Goldenes Gift,* 1947, mit Virginia Huston
GEGENÜBER: Pressephoto für *Where Danger Lives,* 1950

MONTGOMERY CLIFT

Clift war einer der ersten modernen Leinwandhelden; wie Brando stattete er seine Charaktere mit Intelligenz und psychologischem Einfühlungsvermögen aus. Zerrissen und introvertiert, privat angeblich ebenso unglücklich wie im Film, wirkte er immer leicht befangen und ruhelos, wie auf frischer Tat ertappt. Seine Motive waren häufig widersprüchlich und seine Figuren fast immer emotional ambivalent, voller Qual und Angst, Liebe und Verlangen – der verklemmte Liebhaber in *Die Erbin,* 1949, oder der von seinem Gewissen gepeinigte Priester in Hitchcocks *Ich beichte,* 1953. Wenn er als romantischer Held auftrat, dann oft auf sehr zwiespältige Art und

GEGENÜBER: Studioporträt, ca. 1949
LINKS: aus *Es begann mit einem Kuß,* 1950, mit Cornell Borchers
UNTEN: aus *Red River,* 1948, mit Joanne Dru

Weise. Eine seiner archetypischen Rollen ist die in *Ein Platz an der Sonne,* 1951, wo er ein langweiliges Kleinstadtmädchen schwängert, aber gleichzeitig versucht, die schöne, reiche Elizabeth Taylor für sich zu gewinnen. Er will dann das Hindernis, das seinem sozialen und finanziellen Fortkommen im Wege steht, beseitigen, und obgleich er seinen Plan nicht ausführt, ertrinkt das schwangere Mädchen durch einen Unfall; er wird wegen Mordes an ihr zum Tode verurteilt, als ob ihn sein Gewissen für seine Gedanken bestrafen wollte.

Schon als Vierzehnjähriger stand Clift regelmäßig auf der New Yorker Bühne und hatte dann 1948 sein Kinodebüt mit Howard Hawks' *Red River* und Fred Zinnemanns *Die Gezeichneten,* mit dem er eine Oscar-Nominierung erreichte. Als einer der ersten Schauspieler, die den Konflikt zwischen Erfolgsstreben und moralischer Verantwortung thematisierten, wurde er in seinen Rollen häufig zum Opfer seiner eigenen Impulsivität, wie etwa in *Verdammt in alle Ewigkeit,* 1953, wo er durch das Soldatenleben so verroht, daß er einen Mord begeht.

Im Privatleben war Clift ebenso kompliziert. Er war ein schwieriger Mitarbeiter, und ihm wurde starkes Trinken, Drogenmißbrauch und auffälliges Verhalten nachgesagt. Außerdem litt er an schweren Depressionen. 1957 hatte er einen furchtbaren Autounfall, der sein gutes Aussehen zunichte machte. Diese erneute Verunsicherung kam am besten in *Misfits – Nicht gesellschaftsfähig,* 1961, zum Ausdruck, wo er Partner von Clark Gable und Marilyn Monroe war, sowie in *Wilder Strom,* 1960. Sein letzter Film war *Lautlose Waffen,* 1966, und kurz nach Ende der Dreharbeiten starb er an einem Herzschlag.

LINKS: aus *Indiscretion of an American Wife,* 1952, mit Jennifer Jones
GEGENÜBER: Pressephoto für *Ein Platz an der Sonne,* 1951, mit Elizabeth Taylor

GENE KELLY

Der große Moment von *Du sollst mein Glücksstern sein* kommt bei der Titelnummer, wenn die Kamera Kellys strahlenden Gesichtsausdruck einfängt, während er »There's a smile on my face« singt. Der Film enthält jedoch andere Szenen, die fast ebenso gut sind: sein verträumter Tanz mit Cyd Charisse bei »Broadway Rhythm«, seine hüpfenden, springenden Füße in »Moses« und der Elan und Humor, mit dem er seine Kunststücke vorführt.

Kelly war nicht der personifizierte Tanz wie Fred Astaire, aber er hatte eine vitale, fröhliche, sehr maskuline Präsenz, die ihn zum unvergleichlichen Choreographen machte, ob nun bei den komplexen Sequenzen in *Ein Amerikaner in Paris,* 1951, oder bei der schlichten Tanzszene auf regennasser Straße in *Du sollst mein Glücksstern sein.* Kelly konnte singen, tanzen, sogar dramatische Rollen spielen, und führte später auch selbst Regie.

In Pittsburgh geboren, arbeitete Kelly als Tanzlehrer und im Tiefbau, bevor er 1938 als Chormitglied für das Musical »Leave it to Me« zum Broadway kam. Sein Leinwanddebüt hatte er 1942 an der Seite von Judy Garland in *For Me and My Gal.* Danach war er Hauptdarsteller in Kassenschlagern wie *Der Pirat,* 1948, auch wieder neben der Garland, *Words and Music,* 1948, drehte *Drei Schritte vor der Hölle* mit Vera-Ellen und 1949 *Heut gehn wir bummeln.* 1951 erhielt er einen Spezial-Oscar in Anerkennung seiner Vielseitigkeit »und besonders für seine hervorragenden Leistungen auf dem Gebiet der Filmchoreographie«.

LINKS: aus *Es tanzt die Göttin,* 1944, mit Rita Hayworth
GEGENÜBER: Pressephoto für *Du sollst mein Glücksstern sein,* 1952

JAMES MASON

James Mason war selten der unkomplizierte Gentleman, als der er sich gab: unter der Oberfläche lag gewöhnlich ein fataler Anflug von Schwäche oder Grausamkeit, ob er nun den romantischen Helden, den onkelhaften Verwandten oder den militärischen Führer spielte. Sein Talent – in *Ein neuer Stern am Himmel*, 1954, war er der beste Partner, den Judy Garland jemals hatte, und die völlig gegensätzliche Rolle des Humbert Humbert in *Lolita*, 1962, bewältigte er mit immensem Geschick – versöhnte immer wieder mit den mittelmäßigen Filmen, die den Großteil seiner Hollywood-Karriere ausmachten.

Er wurde in Nordengland geboren und ging zum Theater, nachdem er in Cambridge Architektur studiert hatte. Er kam dann zum britischen Film und wurde dort bis Mitte der vierziger Jahre zu einem der überzeugendsten männlichen Hauptdarsteller, besonders als sadistischer Marquis, der in *Der Herr in Grau*, 1943, Margaret Lockwood zu Tode peitscht, als der böse Lord Manderstoke in *Gaslicht und Schatten*, 1944, und als grausamer Wächter in *Der letzte Schleier*, 1945. In seinen Hollywood-Filmen aus den fünfziger Jahren, die von sehr unterschiedlicher Qualität waren, spielte Mason oft eher eindeutige Schurken; zu seinen beachtlicheren Rollen in jener Zeit gehören die des Rommel in *Rommel, der Wüstenfuchs*, 1951, und *Die Wüstenratten*, 1953, die des Spions in *Der Fall Cicero*, 1952, und des Bösewichts in Hitchcocks *Der unsichtbare Dritte*, 1959.

LINKS: Studioporträt, 1950; Photograph: Ted Reed

STEWART GRANGER

Grangers männliches Profil, seine gebleckten Zähne und seine behaarte Brust dominierten in einer Reihe von marktschreierischen Kostümfilmen aus den fünfziger Jahren, so etwa *Scaramouche, der galante Marquis*, 1952, *Der Gefangene von Zenda*, 1952, und *Schloß im Schatten*, 1955, in denen er drei Leinwandpersönlichkeiten gleichzeitig zu verkörpern suchte – den He-Man, den Schwadroneur à la Errol Flynn und den Engländer mit Sex-Appeal.

Auf den Namen James Stewart getauft (nicht eben das Günstigste für einen ehrgeizigen Schauspieler), nahm er in England Schauspielunterricht und arbeitete als Filmkomparse und beim Theater. In den vierziger Jahren wurde er dann neben James Mason zu einer der Hauptattraktionen des britischen Kinos, hatte 1943 seinen größten Erfolg in *Der Herr in Grau*, ging 1949 nach Hollywood und begann dort seine Laufbahn als wagemutiger Held für MGM mit *King Solomon's Mines*. Nach vielen Abenteuerfilmen wurde er sieben Jahre später amerikanischer Staatsbürger und war auf dem Höhepunkt seiner Karriere mit der Schauspielerin Jean Simmons verheiratet. Sein draufgängerischer Stil hielt sich bis in die zynischen, von Zweifeln heimgesuchten sechziger Jahre hinein, und in den Siebzigern, als seine Popularität bei den Kinogängern merklich nachgelassen hatte, wechselte er ganz zum Fernsehen über, wo er den Britischsten aller Briten spielte, nämlich den Detektiv Sherlock Holmes in *Der Hund von Baskerville*.

RECHTS: Pressephoto für *Scaramouche, der galante Marquis,* 1952, mit Eleanor Parker

LOUIS JOURDAN

Als zuvorkommend-eleganter europäischer Herzensbrecher à la Charles Boyer und Leslie Carons reizender Playboy-Liebhaber aus dem Musical *Gigi*, 1958, ist Louis Jourdan den meisten in Erinnerung (»Ze night zey invented Champagne«, usw.). Seine eindringlichste Rollê hatte er jedoch zehn Jahre früher in Max Ophüls' Melodram *Brief einer Unbekannten*, 1948, als unwürdiges Liebesobjekt von Joan Fontaine; sie läuft ihm über den Weg, er sieht sie, und sie verbringen die Nacht zusammen, aber er verläßt sie im Morgengrauen. Das Leid, das er ihr damit antut, ist kein oberflächliches, halb-prickelndes Gefühl, sondern entsetzlich. Ophüls stellte hier Jourdans Image des angenehm unbekümmerten Menschen ebenso auf den Kopf, wie Alfred Hitchcock dies mit Cary Grant gemacht hatte.

Jourdan nahm Unterricht an der Ecole Dramatique in Paris, hatte sein französisches Filmdebüt 1939 mit *Le corsaire* und spielte anschließend bis zum Ausbruck des Zweiten Weltkriegs den auf Hochglanz polierten Helden in Komödien und Dramen. Dann wurde jedoch sein Vater von der Gestapo verhaftet, und er schloß sich der Résistance an. Nach dem Krieg holte ihn David O. Selznick, der Produzent von *Vom Winde verweht*, nach Hollywood, wo er 1947 den Liebhaber/Kammerdiener in *Der Fall Paradin* spielte. Seine Rollen in den USA waren umkompliziert romantisch, wie etwa in den Filmen *Madame Bovary*, 1949, mit Jennifer Jones, *Drei Münzen im Brunnen*, 1954, und *Der Schwan*, 1956, neben Grace Kelly.

LINKS: Pressephoto, ca. 1948

GERARD PHILIPE

Philipe war leichtherzig, aber gefühlvoll und in gewisser Hinsicht der französische James Dean seiner Generation: Wie schon vielerorts beschrieben verkörperte er ganz bestimmte Ideale und Eigenschaften, wurde sehr geliebt und bewundert und starb einen tragisch frühen Tod. Als er in den Dreißigern war, hatte sich sein Image von dem des ausschließlich mit Sex beschäftigten Jugendlichen zum Typ des tragikomischen Helden hin verschoben, der später die Filme der Neuen Welle beherrschen sollte.

In Cannes als Sohn eines Hoteliers geboren, entschied er sich für die Schauspielerei anstatt für eine Medizinerkarriere und wurde 1947 als stürmischer Jüngling, der eine verheiratete Frau liebt, mit *Teufel im Leib* zum internationalen Star. In den Nachkriegsjahren entwickelte er sich zu Frankreichs führendem romantischem Filmhelden, obgleich er noch immer auch am Theater arbeitete. Bei vielen seiner Rollen in den fünfziger Jahren standen Verlust und Schmerz in der Liebe im Mittelpunkt – *Der Reigen*, 1950, *Das große Manöver*, 1955 und *Gefährliche Liebschaften*, 1959. Während er 1959 mit Buñuel *Für ihn verkauf ich mich* drehte, wurde er krank und starb anschließend an einem Herzschlag.

OBEN: aus *Teufel im Leib*, 1947

JAMES DEAN

Eine Woche nachdem James Dean seinen siebenten Film fertiggestellt hatte, katapultierte er sich mit seinem silbernen Porsche ins Jenseits und ins Reich der Mythen: er war erst vierundzwanzig. Wie bei Valentino und der Monroe hatte sich durch seinen frühen, tragischen Tod eine bestimmte Epoche verewigt, nur daß der Effekt in seinem Fall dadurch verstärkt wurde, daß er noch so jung war und seine Legende als Leitbild einer ganzen Generation einzigartigerweise auf nur zwei Filmen beruhte. In beiden, *Jenseits von Eden*, 1955, und *... denn sie*

GEGENÜBER: Porträt, 1955; Photograph: Sanford Roth
LINKS: Porträt, ca. 1954
UNTEN: aus *... denn sie wissen nicht, was sie tun*, 1955, mit Natalie Wood

wissen nicht, was sie tun, 1955, spielte er den rastlosen, gequälten Helden einer aufblühenden Jugendkultur, indem er die Rebellion gegen die Wertvorstellungen der Mittelschicht und gegen verlogene, kleinbürgerliche Eltern verkörperte. Als Jim schreit er in *... denn sie wissen nicht...* seinen schwachen, unentschlossenen, duckmäuserischen Vater an: »Ich will jetzt Antworten haben, es interessiert mich nicht, was ich in zehn Jahren verstehen werde.« Übellaunig und schön stakste er in viel zu engen Jeans durch die Gegend, höhnisch grinsend oder schmollend, und weigerte sich, den Erwachsenen in die Augen zu sehen. Er begegnete ihnen lieblos und unliebenswürdig, weil sie ihn entweder ignorierten oder seine Sehnsucht nach Verständnis und Anteilnahme mit materiellen Entschädigungen beantworteten. Seine Kraft lag jedoch weniger in seiner Jugend als in der Traurigkeit und in dem Lebensüberdruß, die er in seinen Rollen vermittelte. Als Buzz seine Reifen aufschlitzt, sagt er, auch wieder als Jim: »Weißt du was? Du liest zuviele Comics.« Und als Buzz ihn dann zu einer »Mutprobe« auffordert und er einwilligt – ohne genau zu wissen, was das bedeutet, sondern nur, daß es gefährlich ist – und seinen Vater fragt, ob er etwas tun solle, um seine Ehre zu retten, kann der ihm lediglich sagen, er solle nichts überstürzen. Der Schlüssel zu Deans Charakter waren der Zorn und die Enttäuschung, mit der er einer Welt begegnete, die ihre Würde verloren hat.

Deans Leinwandpersönlichkeit war keine vollkommen konstruierte. Er hatte selbst eine traurige, zerrissene Kindheit; als er fünf war, zog seine Familie von Indiana nach Los Angeles. Drei Jahre später starb seine Mutter, und sein Vater schickte ihn nach Indiana zurück auf eine Farm, wo er bei Verwandten aufwuchs. Nach dem Abschluß der High School ging er wieder nach Kalifornien, um dort das College zu besuchen, und schloß sich einer kleinen Theatergruppe an. Er machte einen oder zwei Werbespots fürs Fernsehen und erhielt dann in drei Filmen kleine Rollen – *Seemann paß auf,*

LINKS: aus *Jenseits von Eden,* 1955
GEGENÜBER: Pressephoto für *Giganten,* 1956

OBEN: aus *Giganten,* 1956, mit Elizabeth Taylor

Fixed Bayonets und *Hat jemand meine Braut gesehen?*–, alle 1951 und 1952 gedreht. Im selben Jahr noch begann er seine Mitarbeit im New Yorker Actor's Studio und war ständiger Zaungast in den Theatern, wo er all die Einflüsse in sich aufnahm, die ihn wie Brando zu einem neuen Typ des Filmhelden mit einer neuartigen Spielweise machen sollten. Schließlich ergatterte er Rollen in zwei Broadway-Stücken, *See the Jaguar* und *The Immoralist,* absolvierte die Probeaufnahmen bei Warner mit Erfolg und kam so nach Hollywood.

Deans dritter großer Film war *Giganten,* 1956, in dem er eine Zeitspanne vom jugendlichen Vagabunden bis zum Industriemagnaten darstellen mußte. Eine Woche nach Ende der Dreharbeiten, am 30. September 1955, verunglückte er mit dem Auto; beim Aufprall wurde sein Kopf fast vom Körper abgetrennt. Ironischerweise hatte man erst kurz zuvor seine Stimme in einer Werbesendung zur Sicherheit im Straßenverkehr warnen hören: »Denken Sie dran, das nächste Leben, das Sie retten, könnte meines sein.«

Innerhalb von nur wenigen Jahren entstanden aus dem Dean-Mythos zahlreiche Bücher und drei Filme: *The James Dean Story,* 1957, *James Dean,* 1975 und, zwei Jahre später, *September 30, 1955.* Sein Stil ist immer noch nicht überholt; dreißig Jahre nach seinem Tod gilt Matt Dillon als »der neue James Dean«.

ROCK HUDSON

Rock Hudson, ein liebenswerter, solide gebauter Hüne mit großer Anziehungskraft auf das Publikum und einer breiten Brust, die er gern entblößte, war wandlungsfähig genug, um in manchen der rührseligsten Melodramen Hollywoods zu glänzen und später, in den sechziger Jahren, zusammen mit Doris Day in witzigen, erotischen Komödien. Obwohl Hudson keinerlei schauspielerische Ausbildung hatte – er war vor seiner Leinwandkarriere in diversen Berufen tätig gewesen –, gelang ihm ein gewisser Erfolg schon 1948 mit seinem ersten Film *Fighter Squadron*. Starruhm erreichte er dann durch den Regisseur Douglas Sirk, der ihn als Hauptdarsteller in zwei besonders eindrucksvollen Schnulzen einsetzte: zunächst 1954 neben Jane Wyman in dem Schmachtfetzen *Die wunderbare Macht* und dann 1957 in *In den Wind geschrieben*, wo er einen Mann spielt, der in die verheiratete Lauren Bacall verliebt ist. Außerdem meisterte er an der Seite von Elizabeth Taylor 1956 in *Giganten* eine schwierige Rolle, die ihn im folgenden Jahr zu Hollywoods Hauptkassenschlager machte. In den sechziger Jahren war Hudsons Leinwandpersönlichkeit weniger konventionell und kitschig, er verwandelte sich in den liebenswert erotischen Helden, der Manns genug ist, eine erfolgreiche Frau, Doris Day, zu akzeptieren. Die Reihe spritziger Komödien, die sie beide zusammen drehten, begann 1959 mit *Bettgeflüster*; außerdem versuchte er sich 1968 in *Eisstation Zebra* als Abenteurer. In den siebziger Jahren wechselte er dann nach mehreren Flops zum Fernsehen über. Er starb 1987.

RECHTS: Studioporträt, 1956

TONY CURTIS

Tony Curtis war mit seiner vor Sexualität strotzenden, leicht vulgären Ausstrahlung, der pomadisierten Haartolle und der draufgängerischen Art für das junge Publikum Anfang der fünfziger Jahre eine Sensation. Mit seinem Bronx-Akzent spielte er Ritter, Cowboys und Kavalleristen, aber seine tollste Rolle hatte er, rückblickend gesehen, in Billy Wilders Komödie *Manche mögen's heiß*, 1959, in der er, immer wieder unterschiedlich verkleidet, aufs Witzigste Marilyn Monroe den Hof machte.

Curtis hieß ursprünglich Bernard Schwartz, war Sohn eines Einwanderers und Schneiders und wuchs in der Bronx, einem Bezirk von New York City, auf, wo er sich in einer berüchtigten Straßengang hervortat. Nach seinem Kriegsdienst bei der Marine schrieb er sich im New York's Dramatic Workshop ein, ergatterte einige Nebenrollen beim Film und wurde bei Universal einer von Hollywoods jüngsten Hauptdarstellern für Abenteuer- und Kostümschinken. Ende der fünfziger Jahre bekam er allmählich interessantere Rollen, wie etwa die des unangenehm ehrgeizigen und prinzipienlosen Presseagenten in *Dein Schicksal in meiner Hand*, die er brillant spielte. Danach wurde er für *Flucht in Ketten*, 1958, für einen Oscar nominiert, bevor er durch Billy Wilder und *Manche mögen's heiß* sein komödiantisches Talent entdeckte. In den sechziger Jahren drehte er weitere Lustspiele – in *Sex und ledige Mädchen*, 1964, war er witzig und attraktiv –, wandte sich aber auch wieder dem ernsten Fach zu und bot eine seiner besten Leistungen in *Der Frauenmörder von Boston*, 1968.

Nach drei Ehen, darunter mit Janet Leigh und Christine Kaufmann, ist sein Privatleben nach wie vor beliebtes Gesprächsthema der Klatschreporter, obwohl ihm in jüngster Zeit nur wenige gute Rollen angeboten wurden.

LINKS: Pressephoto für *Zwei in einem Zimmer,* 1960

ELVIS PRESLEY

Elvis war das erste Rock-Idol, das zum Filmstar wurde, und trotzdem läßt sein legendärer Ruf als Musiker oft vergessen, daß er sieben Jahre lang einer der zehn größten Kassenmagneten des Kinos war und mehreren Filmproduzenten zu beträchtlichem Reichtum verhalf. Natürlich hatten diese auch vorher schon mit Rock-'n'-Roll-Filmen viel Geld gemacht, aber sich noch nie dazu herabgelassen, die Rock-Idole selbst zu Hauptdarstellern zu machen. Die meisten von Elvis' dreiunddreißig Filmen dienten lediglich als Vehikel für seine Hits, und viele davon, besonders die späteren, waren ziemlich scheußlich; andere, wie etwa *Love Me Tender (Pulverdampf und heiße Lieder)*, 1956, *Jailhouse Rock (Rhythmus hinter Gittern)*, 1957, *King Creole (Mein Leben ist der Rhythmus)*, 1958, *G. I. Blues (Café Europa)*, 1960, und *Kid Galahad*, 1962, waren gar nicht schlecht, und sei es nur wegen der Titelsongs. Schauspielerisch gesehen, war sein bester Film *Flammender Stern*, ein Western, in dessen Mittelpunkt die Beziehung zwischen Indianern und Weißen steht, und in dem Presley ein Halbblut spielte. Die Rolle war ursprünglich Marlon Brando zugedacht gewesen und enthielt fast keine Musik; der mangelnde kommerzielle Erfolg führte wahrscheinlich dazu, daß Presley seine filmische Begabung nicht ausführlicher erproben durfte. Sein leicht vulgärer Stil wurde von der Kamera unweigerlich zu sexueller Harmlosigkeit heruntergespielt, und am Ende seiner Leinwandkarriere hatte er nur noch aseptische Freundschaften mit Mädchen wie Mary Tyler Moore als Nonne in *Change of Habit*, 1969.

RECHTS: Studioporträt, ca. 1959; Photograph: Virgil Apger

TAB HUNTER

Mit modischem Haarschnitt und warmem, offenem Lächeln surfte Tab Hunter – Schwarm aller Frauen – auf der kalifornischen Welle geradewegs in die Kinos. Sein Filmhit war *Damn Yankees*, 1958, eine modernisierte, musikalische Version des »Faust«, in der Hunter einen Baseball-Spieler mimte, der buchstäblich verjüngt wird. Seine kurze Karriere als Teenager-Idol ging zu Ende, als er sich mit Warner über die Qualität seiner Drehbücher stritt, und man ersetzte ihn flugs durch eine andere blonde männliche Sexbombe, Troy »Parrish« Donahue, der ebenso wie Hunter nicht gerade ein begnadeter Schauspieler war, sich in einer Badehose aber sehr nett ausnahm. Ein weiteres Fertigprodukt aus der Serie Hübscher Junge war Frankie Avalon, der als Pop-Star einige Anziehungskraft hatte, und dessen Filme so verheißungsvolle Titel wie *Beach Blanket Bingo* und *How to Stuff a Wild Bikini* hatten. Dieser Typ kam aus der Mode, als die Haare länger und die Körper schmächtiger wurden. Hunter allerdings war unlängst in *Polyester* zu sehen.

OBEN: aus *Urlaub bis zum Wecken*, 1955, mit Mona Freeman

MARLON BRANDO

Brando setzt eher seinen Körper als den Dialog ein und drückt damit Gefühl und Sinnlichkeit äußerst wirkungsvoll aus. Er wurde zu Beginn seiner Karriere von verschiedener Seite als Wandelnde Hormonfabrik, Männliche Garbo, Valentino der Pop-Generation und Grobian bezeichnet und gab darauf die angemessene Antwort, Hollywood sei »ein kultureller Friedhof«. Nur wenige Schauspieler haben derart entgegengesetzte Reaktionen der Ablehnung und der Bewunderung hervorgerufen, aber es gibt keinen Zweifel, daß er der wichtigste männliche Star des modernen amerikanischen Kinos ist. Er war derjenige, der in den fünfziger Jahren neue Maßstäbe für Hauptdarsteller setzte, und sein Einfluß läßt sich bis zu Jack Nicholson und Robert De Niro zurückverfolgen.

Brando stammte aus einer Mittelschicht-Familie. Sein Vater war ein wohlhabender Fabrikant, seine Mutter schrieb, malte und nahm an den Aktivitäten des örtlichen Theaters teil. Als junger Mann war Brando aggressiv und aufsässig – sein Aufenthalt in einer Militärakademie endete mit seinem Rausschmiß, und er ging anschließend nach New York und schrieb sich bei Stella Adlers Schauspielschule zum Unterricht ein, aus der später das Actors' Studio entstehen sollte. Dort studierte er nach der naturalistischen Stanislawsky-Methode und wurde im Kino zum ersten wichtigen Exponenten dieses Stils (Brando trat schon mehrere Jahre vor James Dean in Filmen auf). Hier entstanden die Grundlagen für sein außerordentliches spielerisches Können, das aber trotzdem eher Medium als Quelle seiner beunruhigenden Präsenz als brutaler Typ ist: massig, ungehobelt und ungewaschen, verkörpert er eine primitive, unmißverständliche Erotik. Aber Brando ist mehr als nur ein grober Flegel – seine Stärke und seine Bedrohlichkeit liegen in seiner erschreckenden Ernsthaftigkeit und dem Gefühl einer unterdrückten Leidenschaft, die sich nur flüchtig erahnen läßt.

Zum Star wurde Brando, als er am Broadway den nuschelnden, gewalttätigen Stanley Kowalski spielte, der in Ten-

RECHTS: Studioporträt, 1950; Photograph: John Engstead

OBEN: aus *Endstation Sehnsucht,* 1951, mit Vivien Leigh
GEGENÜBER: Studioporträt, ca. 1949

nessee Williams' »Endstation Sehnsucht« seine nymphomanische Schwägerin vergewaltigt. Von den Filmangeboten, die ihn anschließend überschwemmten, akzeptierte er die Rolle eines querschnittsgelähmten Kriegsveteranen in *Die Männer*, 1950; bezeichnenderweise zog Brando in ein Veteranen-Hospital, um sich darauf vorzubereiten, und bestand sogar darauf, daß eine Urinflasche an seinem Bein befestigt wurde. Ein Jahr später war er mit Vivien Leigh in der Kinoversion von *Endstation Sehnsucht* zu sehen. Obgleich das Hays-Büro natürlich eine abgemilderte Fassung des Drehbuchs durchgesetzt hatte, war der Film hervorragend, wurde ein riesiger Kassenschlager und machte Brando endgültig zum Leinwandstar.

Im weiteren Verlauf der fünfziger Jahre übernahm er einige klassische Hauptrollen. Nach *Viva Zapata!*, 1952, für den ihm in einer schmerzhaften Prozedur Plastikringe in die Nasenlöcher gesetzt wurden, damit sie geblähter aussahen, und dem Mark Anton in *Julius Caesar*, 1953, stellte sich heraus, daß seine Präsenz und sein technisches Können im zeitgenössischen Drama besser zur Geltung kamen: als Ex-Boxer Terry Malloy – »Ich hätte ein Kämpfer sein können ... statt eines Versagers« – in dem Klassiker *Die Faust im Nacken*, 1954, als Spieler in *Schwere Jungen, leichte Mädchen*, 1955, und als Motorrad-Rebell in *Der Wilde*, 1953.

Brandos eigenes Liebesleben war stets recht stürmisch. Er hatte unter an-

derem kurze Affären mit Shelley Winters und Eva Marie Saint und eine kompliziertere Liaison mit France Nuyen; sie bekam einen Sohn von ihm und hatte einen Nervenzusammenbruch. In *Spiegelbild im goldenen Auge*, 1967, spielte er einen Armeeoffizier, einen heimlichen Homosexuellen, der mit gestriegeltem Haar und eitlem Lächeln begehrliche Blicke auf den einfachen Soldaten Robert Forster wirft. Es machte ihm nie etwas aus, mit Homosexualität in Verbindung gebracht zu werden. »Wie viele andere Männer«, so sagte er einmal, »habe auch ich homosexuelle Erfahrungen, und ich schäme mich deswegen nicht.« Seine erste Heirat mit Anna

RECHTS: aus *Die Faust im Nacken,* 1954, mit Eva Marie Saint
UNTEN: aus *Der Wilde,* 1953, mit Mary Murphy

Kashfi im Jahre 1957 endete mit schmutzigen Enthüllungen, als die Beziehung 1959 auseinanderging; seine zweite Ehe mit Movita, einer mexikanischen Schauspielerin, war ebenfalls turbulent. Vor einiger Zeit ließ er sich mit Tarita, einem Mädchen aus Tahiti, auf einer einsamen Insel nieder und verteidigt wütend jeden Angriff auf ihre Privatsphäre.

In den sechziger Jahren ließ Brandos Popularität nach. Die meisten seiner Filme waren entweder finanziell oder künstlerisch keine großen Erfolge; außerdem überwarf er sich mit Hollywood. 1972 hatte er ein triumphales Comeback als hervorragender Charakterdarsteller in der Rolle des Don Corleone in *Der Pate*, für die er einen Oscar bekam. Bezeichnend für sein geringes Interesse an derartigen Auszeichnungen war es jedoch, daß er eine unbekannte indianische Schauspielerin beauftragte, den Preis in seinem Namen abzulehnen, und zwar wegen »der Behandlung der Indianer von seiten der Filmindustrie«. Die reifste Leistung seiner Karriere sollte er jedoch erst mit *Der letzte Tango in Paris* bieten, wo er die ganze primitive Potenz seiner Jugend einsetzt, als er Maria Schneider in die Abgründe sexueller Erniedrigung zieht. Zum Schluß, als die Schneider ihn erschießt, nimmt er sein Kaugummi aus dem Mund und klebt es säuberlich unter ein Geländer, bevor er tot zusammenbricht – eine klassische Brando-Szene.

OBEN: Pressephoto für *Der letzte Tango in Paris*, 1972

DIE SECHZIGER JAHRE

Die sechziger Jahre brachten den größten Umbruch für Hollywood und das europäische Kino seit dem Aufkommen des Tonfilms Ende der 20er Jahre. Die Macht verlagerte sich zunehmend auf diejenigen, die die Filme tatsächlich machten. Das Studio-System war gescheitert, und das Fernsehen hatte die Publikumsstruktur verändert. Die von McCarthys Hexenjagd Betroffenen aus den frühen Fünfzigern nahmen ihre Karriere wieder auf, und einige amerikanische Filmemacher, die aus Devisengründen gezwungen waren, im Ausland zu arbeiten, stießen in Europa auf neue, belebende Einflüsse: in Frankreich waren begabte junge Regisseure der »nouvelle vague«, wie Truffaut und Godard, im Vormarsch, und britische Regisseure wie Karel Reisz und Tony Richardson bauten den Realismus der fünfziger Jahre aus, um ihre veränderte Umwelt darzustellen. Das Paradigma des britischen Leinwandhelden der frühen sechziger Jahre wandelte sich drastisch; Laurence Harvey als Joe Lampton, der Mann aus der Unterschicht, der die Frauen ausnutzt, um nach oben zu kommen, und Albert Finney, der rastlose, rebellische Fabrikarbeiter aus *Samstagnacht bis Sonntagmorgen*, demonstrierten, wie schnell sich die gesellschaftlichen Wertvorstellungen änderten. Pop-Stars wie die Beatles traten im Film auf, und die Zuschauer fanden es faszinierend, wenn ihnen ein Blick hinter die Kulissen von Swinging London geboten wurde.

Der Zusammenbruch des Studio-Systems ermöglichte den Stars einen weitaus größeren Einfluß auf ihr eigenes Schicksal, übertrug ihnen jedoch auch wesentlich mehr Verantwortung. Statt von der Studiomaschinerie umgemodelt und dann präsentiert zu werden, mußten sie jetzt selbst ihr Image gestalten, indem sie sich ganz individuell die richtigen Rollen aussuchten und notfalls auch Produzenten werden mußten, um Qualität und Vermarktung des Endprodukts überwachen zu können. Zuviele finanzielle Flops, und sie waren erledigt; wenn sie dagegen die richtigen Entscheidungen trafen, konnten sie Superstars werden. Die ersten Schritte in diese Richtung hatte man schon in den Fünfzigern getan, aber der Schauspieler als Produzent und Kontrollinstanz – seit Chaplin, Fairbanks und die Pickford in den zwanziger Jahren United Artists gegründet hatten, ein beispielloses Phänomen – wurde in den Sechzigern allmählich zur Norm.

Das herkömmliche Konzept des Leading Man wurde außerdem unterminiert durch eine gewandelte Einstellung zur Sexualität und das Aufkommen des Feminismus. In den dreißiger Jahren, als sich die Mehrzahl der männlichen Archetypen im Film herausbildete, spielten der Hauptdarsteller und seine Partnerin für die ganze Familie, so wie es der Hays-Code vorschrieb. Es gab eine strenge Zensur, die handgreifliche Techtelmechtel verbot, obgleich natürlich die Zurückhaltung selbst prickelnd erotisch wirkte und die besseren Regisseure zu Spezialisten der augenzwinkernden Anspielung wurden: wenn Tracy etwa die Vorhänge des Himmelbettes zusammenzieht, das er in *Ehekrieg* mit der Hepburn teilt, oder William Powell eine Banane schält, während sich Virginia Valli in *Bezahlte Liebe* entkleidet. Jetzt war mit der Lockerung der Zensur wesentlich mehr erlaubt. Es kamen Themen zur Sprache, die Hollywood vorher für zu deprimierend gehalten hatte. Die Helden der Leinwand durften charakterliche Mängel haben, etwa Versager oder Trinker sein, und auch die alten Klischees hatten keine Gültigkeit mehr. Nacktheit war nicht mehr anstößig, wenn sie in Bewegung gezeigt wurde, und Sex im Film kein Tabu. Hollywood stellte zwar weiterhin Frauen als Hausmütterchen, Sexbomben oder räuberische Vamps dar, aber das wirkte bei den mageren Mädchen der sechziger Jahre allmählich lächerlich, und die jüngeren Filmregisseure versuchten, derartige Stereotypen zu demontieren. Der Tod der Monroe im Jahre 1962 und die nachlassende Beliebtheit des zweiten Busenwunders Jayne Mansfield, die ursprünglich ein satirisches Abbild der Monroe gewesen war, markierten das Ende einer bestimmten Art weiblicher Filmstars. Frauen wurden immer mehr als Subjekte denn als Objekte gesehen. In *Die Herrin von Thornhill* zum Beispiel ging es um Julie Christie und nicht um Alan Bates, Terence Stamp oder Peter Finch, die Männer in ihrem Leben. Das konnte sogar soweit gehen, daß der Hauptdarsteller völlig irrelevant wurde.

Es war zwar klar, daß die traditionellen Archetypen des Leinwandhelden neu überdacht werden mußten, aber Studios und Produzenten waren sich nicht ganz sicher, was sie dem Publikum vorsetzen sollten, und konfrontierten es mit einer verwirrenden Vielzahl möglicher neuer Leitbilder. Manche Schauspieler waren noch nach altem Muster gestrickt: Rock Hudson als das gutaussehende, unkomplizierte Muskelpaket, Omar Sharif als der neue schmachtäugige Exot und George Segal mit seiner geistreichen, kultivierten Eleganz.

Bis zum Ende des Jahrzehnts hatten die politischen und sozialen Unruhen der Sechziger jedoch ihre Spuren hinterlassen. Bestimmte Typen waren einfach aus der Mode gekommen. So wie die Fünfziger mit dem Aussterben des säbelrasselnden Schwadroneurs zu Ende gegangen waren, verabschiedeten sich die zynischen sechziger Jahre mit einer endgültigen Absage an die heroischen Eroberer à la Charlton Heston, der zu Beginn des Jahrzehnts noch Kostümfilme und Action-Spektakel wie *El Cid* und *Die größte Geschichte aller Zeiten* gedreht hatte. Dieser Typ des übermächtigen mythischen Helden wurde durch den Mann der Tat und den sympathischen Außenseiter abgelöst. Ein Beispiel ist Steve McQueen in *Die glorreichen Sieben* und, noch wichtiger, in *Gesprengte Ketten*, einem der ersten Filme mit internationaler Besetzung, durch die die Studios versuchen wollten, das Fernsehpublikum wieder ins Kino zu locken. Weiterentwickelt wurde das Thema der reinen Männergemeinschaft mit ihrem eigenen Kodex von Loyalität und Ehre etwas später in *Das dreckige Dutzend*, der den Kumpel-Film der späten sechziger und frühen siebziger Jahre einleitete. Nach einem falschen Start als Brando-Kopie gab Paul Newman jetzt dem Action-Helden einen leichten Anstrich von Kultiviertheit, und die italienischen Spaghetti-Western, in denen Gewalt überdeutlich und fast stilisiert dargestellt wurde, machten Clint Eastwood zum Star der sechziger und zum Superstar der siebziger Jahre, zum einsamen Wolf des ausgehenden zwanzigsten Jahrhunderts, der gegen gesellschaftliche Bürokratie und für individuelle Freiheiten kämpft.

Der altmodische Abenteurer fand sich in modernisierter Form in Gangster- und Spionage-Filmen wieder. In Frankreich wurde das Genre durch Alain Delon vertreten, dessen privater Lebensstil sein Leinwandimage bestätigte, und durch Jean-Paul Belmondo, der erstes internationales Aufsehen als »Bogey«-Typ in Godards *Außer Atem* erregte. Sean Connery traf als James Bond genau das richtige Maß an Selbstparodie, und Michael Caine kreierte den miesen Harry Palmer in *The Ipcress File*.

Im ganzen gesehen brachte das Jahrzehnt nicht nur bedeutsame Veränderungen, sondern auch wirklich neue Leitbilder hervor. Die Helden des englischen Films aus den frühen sechziger Jahren, wie Harvey und Finney, stammten zum Teil aus der Arbeiterklasse; Michael Caine bahnte sich in *Der Verführer läßt schön grüßen* seinen Weg durch die Damenwelt, während Terence Stamp und David Hemmings einen etwas anderen, aber ebenso attraktiven Typus verkörperten: klassenlos, schön und Teil der jungen Elite des Swinging London. In Italien machte derweilen Marcello Mastroianni die Ausschweifung salonfähig.

In Amerika förderten neue Regisseure wie Robert Altmann und Mike Nichols die Karriere von ungewöhnlichen Leading Men wie Donald Sutherland und Dustin Hoffman, die alle eine nur halb gebändigte, leicht vulgäre, beunruhigende Sexualität ausstrahlten, welche dem damaligen Zeitgeist entsprach. Zum ersten Mal durfte ein Hauptdarsteller auch schwarz sein, obwohl es, wie Sidney Poitier erkannte, fast unmöglich war, gute Rollen zu finden.

CHARLTON HESTON

Charlton Hestons stämmiger, grobschlächtiger Körperbau, seine sonore Stimme und sein intensiver, fast tragischer Gesichtsausdruck waren Teil einer massiven Leinwandpräsenz, die nie in der spektakulären Szenerie, den Spezialeffekten und geräuschvollen Schlachten unterging, die ihn immer zu umgeben schienen. Seine stärkste und sinnlichste Rolle war die eines mexikanischen Drogenfahnders in Welles' *Im Zeichen des Bösen* mit seiner schwülen, exotischen Atmosphäre; aber seine Fans sahen ihn lieber als Muskelprotz in aufwendigen Kostümfilmen. Den Anfang machte er mit *Die zehn Gebote*, 1956, in dem er als Moses und als die Stimme Gottes auftrat, gewann 1959 einen Oscar für sein gigantisches Porträt des legendären *Ben Hur* und setzte 1961 mit einer ähnlich überwältigenden Darbietung in *El Cid* seine Laufbahn fort. In *Der Kriegsherr* spielte er 1965 als mittelalterlicher Ritter einen romantischen Helden, aber *Khartoum*, 1966, versetzte ihn wieder in die Wüste, wo er diesmal Gelegenheit hatte, einen etwas komplexeren Charakter, nämlich den von General Gordon, auszuloten. Während der sechziger Jahre kam der Typus des mythischen Helden, den er verkörperte, aus der Mode, und er versuchte sich in den verschiedensten Rollen, indem er etwa in *Der Verwegene*, 1968, seine heroische Persönlichkeit gegen die eines analphabetischen Cowboys eintauschte, der sich nicht allzu oft wäscht, es in der britischen Verfilmung von *Julius Caesar*, 1970, mit Shakespeare aufnahm und in Katastrophenfilmen wie *Erdbeben* und *Giganten am Himmel* den Noblen spielte.

GEGENÜBER: Studioporträt, 1950; Photograph: Bud Fraker
OBEN: aus *Ben Hur*, 1959
LINKS: aus *Im Zeichen des Bösen*, 1958, mit Janet Leigh

LAURENCE HARVEY

Mit seinem gequälten Blick und den kalten Augen kreierte Laurence Harvey in Schlesingers *Darling*, 1965, als der weltmüde Mann, der Gefühlen gleichzeitig mit Neugier und Geringschätzung begegnet, eine klassische Figur der damaligen Zeit. Seinen Hang zur Rolle des abgebrühten, cleveren Charmeurs hatte er schon als ehrgeiziger Joe Lampton in *Der Weg nach oben* gezeigt, einem Schlüsselfilm für das England der späten fünfziger Jahre, in dem der Sexualität viel von ihrem romantischen Schmelz genommen wurde.

Früher hätte man Harvey wahrscheinlich in die Kategorie der Exoten eingeordnet. Als Sohn jüdisch-litauischer Eltern war er als Sechsjähriger nach Südafrika gekommen, zum Studium aber nach England zurückgekehrt. *Der Weg nach oben* neben der preisgekrönten Simone Signoret brachte ihm eine Oscar-Nominierung ein, und seine nächste, ebenfalls starke Rolle hatte er 1959 als ehrgeiziger Promoter in *Expresso Bongo*. Bald darauf ging er nach Hollywood, um dort *Alamo* zu drehen und in *Telefon Butterfield 8*, 1969, einen verheirateten Mann zu spielen, der von Elizabeth Taylor verfolgt wird; seine britischen Filmen wie *Ein Platz ganz oben* und *Darling*, für den seine Partnerin Julie Christie einen Oscar erhielt, brachten ihm bessere Rollen ein. Privat hatte er mehrfach Beziehungen zu älteren Frauen, darunter Hermione Baddeley, Margaret Leighton und Joan Cohn, von denen er die beiden letzten auch heiratete. Seine dritte Ehe ging er mit dem Photomodell Paulene Stone ein, ein Jahr, bevor er 1973 an Krebs starb.

OBEN: aus *Der Weg nach oben*, 1958, mit Simone Signoret

DIRK BOGARDE

In den sechziger Jahren ließ Dirk Bogarde sein Image als Matinee-Idol der Fünfziger hinter sich und wurde zum international anerkannten ernsthaften Schauspieler, besonders durch die Zusammenarbeit mit dem Regisseur Joseph Losey. In Loseys *Der Diener* vermittelte er überzeugend die erschreckende Gemeinheit des intriganten Bediensteten; weitere hervorragende Leistungen zeigte er in *König und Vaterland, Darling* und *Modesty Blaise – die tödliche Lady*.

Holländischer Abstammung, aber in London geboren, machte sich Bogarde 1949 in *Die blaue Lampe* einen Namen als wilder Jugendlicher, der bei einer Schießerei einen wohlmeinenden älteren Polizisten umbringt. Das war für die damalige Zeit harter Tobak, aber er wurde gleich anschließend von den Rank-Studios zum britischen Matinee-Idol umgemodelt, unvergeßlich in der Rolle des spaßhaften Arztes in *Aber, Herr Doktor...*, 1954, mit allen Fortsetzungen. Inzwischen offen bisexuell, war er der erste große Star, der sich 1961 in *Teufelskreis* an einer Hauptrolle als Homosexueller versuchte, und zehn Jahre später brillierte er in Viscontis *Der Tod in Venedig* als Komponist, der in einer von der Cholera verwüsteten Stadt von einem schönen Knaben besessen ist. In Fassbinders *Despair – Eine Reise ans Licht* spielte er einen russischen Emigranten in Deutschland, der mit dem Scheitern seiner Ehe und dem finanziellen Ruin konfrontiert ist. Er lebt jetzt als Schriftsteller und Schauspieler in Frankreich; seine Autobiographien fanden kritische Anerkennung, und er hat kürzlich seinen ersten Roman veröffentlicht.

OBEN: Pressephoto für *Sommer der Verfluchten*, 1960

ALBERT FINNEY

Albert Finney ist eher ein großer Schauspieler als ein Star, aber seine erste Hauptrolle neben Rachel Roberts und Shirley Ann Field in dem Klassiker *Samstagnacht bis Sonntagmorgen* aus dem Jahre 1960 machte ihn sofort zum romantischen Helden. Auf einmal war es sexy, zur Arbeiterklasse zu gehören; der von ihm dargestellte rebellische Fabrikarbeiter Arthur Seaton war eine der unvergeßlichen Leinwandpersönlichkeiten in den sechziger Jahren.

Finney wurde in Lancashire geboren und arbeitete nach Abschluß der RADA am Theater im West End. Seinen Anfangserfolg setzte er in *Tom Jones* von 1963 mit einer geradezu Rabelais'schen Interpretation des fröhlich wollüstigen jungen Helden aus Fieldings Schelmenroman fort. Anschließend war er reich genug, sich seine Filme selbst auszusuchen, drehte 1966 die flotte Ehekomödie *Zwei auf gleichem Weg* mit Audrey Hepburn und spielte im folgenden Jahr unter eigener Regie in dem unterschätzten melancholischen Film *Ein erfolgreicher Blindgänger* einen Schriftsteller, der sich von seinen proletarischen Wurzeln losreißt, neben Ex-Ehefrau Billie Whitelaw und seiner Sekretärin/Geliebten Liza Minelli. In *Gumshoe*, 1971, war er der wunderbar schäbige Bingo-Ausrufer, dessen Tagträume, Privatdetektiv zu sein, grausame Wirklichkeit werden. Finney war mit der französischen Schauspielerin Anouk Aimée verheiratet, von der er inzwischen geschieden ist, und sein Hauptinteresse gilt jetzt dem Theater, obwohl er in Filmen wie *Du oder beide, Ein ungleiches Paar* und *Unter dem Vulkan* immer noch spannende Hauptrollen bekam.

OBEN: Pressephoto für *Tom Jones*, 1963

DAVID HEMMINGS

Hemmings, klein und leicht gebaut, sah aus wie ein Chorknabe – und sein Debüt im Show-Geschäft hatte er als neunjähriger Knabensopran, als er mit der English Opera Group auf Tournee war. David Hemmings wurde in *Blow up*, 1966, Antonionis grandiosem Porträt des eiskalten Swinging London, zum archetypischen Gesicht der sechziger Jahre. Er spielt darin Thomas, den Photographen, der möglicherweise einen Mord auf seinem Film festgehalten hat und ihm durch die typische Stadtlandschaft der damaligen Zeit besessen nachspürt. Seitdem hatte er mit seiner Karriere weniger Erfolg, da er zu stark mit seinem 60er-Jahre-Image identifiziert wurde; für *Der Angriff der leichten Brigade* stieg er 1968 in das Kostüm eines viktorianischen Soldaten und trug im selben Jahr neben Jane Fonda in *Barbarella* Science-Fiction-Verkleidung. In den siebziger Jahren entwickelte er sich zum alternden Playboy, der für David Bowie Regie führte und selbst 1978 in *Schöner Gigolo, armer Gigolo* auftrat. Er war mit Gayle Hunnicutt verheiratet.

OBEN: aus *Blow up*, 1966, mit Vanessa Redgrave
RECHTS: Porträt, 1966

TERENCE STAMP

Terence Stamp begann seine Karriere in den sechziger Jahren als verkörperte Unschuld der Jugend. Seine etwas derbe Schönheit, seine hypnotisierenden blauen Augen und sein ungezwungenes Benehmen ließen ihn perfekt geeignet erscheinen für die Rolle des hübschen, etwas primitiven Bengels, der durch die Liebe zum romantischen Helden wird. Im Unterschied zu manchen seiner Zeitgenossen schaffte er es jedoch, heranzureifen und erfahrene Männer zu spielen, und in seinen besten Rollen erinnerte er an einen Paul Newman der Arbeiterklasse.

Aus einer Theatergruppe wurde er 1962 als Hauptdarsteller für Peter Ustinovs Film *Der Verdammte der Meere* ausgewählt (in dem es um die Vernichtung eines Unschuldigen geht), als er erst zweiundzwanzig war. Im selben Jahr spielte Stamp den jungen Tölpel in *Term of Trial.* Da er Angst hatte, auf einen bestimmten Typ festgelegt zu werden, wartete er drei Jahre bis zu seinem nächsten Film und trat dann in *Der Fänger* mit einem völlig neuen Image wieder in Erscheinung, und zwar als unheimlicher Bankangestellter, der Schmetterlinge sammelt und die Kunststudentin Samantha Eggar entführt und gefangenhält. Seine nächsten beiden Rollen waren ebenso ungewöhnlich: 1966 war er in dem von Comic-Strips inspirierten Thriller *Modesty Blaise – die tödliche Lady* zu sehen und in *Die Herrin von Thornhill*, 1966, als Geliebter von Julie Christie, ein erschreckend schuftiger Sergeant.

Noch im selben Jahr war er auch so etwas wie der romantische Held in dem realistischen Proletarier-Drama *Poor Cow*, in dem er Carol White als Liebhaber durch Dick und Dünn folgt. Anerkennung erhielt er für seine Rolle in *The Mind of Mr. Soames*, 1969, und war dann für den größten Teil der 70er Jahre von der Bildfläche verschwunden, bis er 1978 neben Marlon Brando und Susannah York als Einwohner von Krypton in *Superman* wieder auftauchte.

LINKS: aus *Poor Cow,* 1967, mit Carol White
GEGENÜBER: Pressephoto für *Der Verdammte der Meere,* 1962

ALAN BATES

Ähnlich wie bei Albert Finney war die Leinwandpersönlichkeit von Alan Bates zunächst kleinbürgerlich geprägt: In *Nur ein Hauch Glückseligkeit*, 1962, spielte er einen strebsamen, nachdenklichen jungen Mann, der seine Freundin, June Ritchie, schwängert und das tut, was sich gehört, obwohl er sie nicht mehr liebt. Er blieb immer sehr britisch, aber sein Image entwickelte sich ganz anders als das von Finney zum idealen Geliebten, massig und gutaussehend, ein sinnlicher Liebhaber, aber mit Qualitäten ausgestattet, die ihn für eine intelligente Frau attraktiv machen. In *Die Herrin von Thornhill* ist er Julie Christie loyal ergeben, in Ken Russells *Liebende Frauen* (bekannt wegen der nackten Ringkampfszene am Feuer mit Oliver Reed) der sensible Liebhaber Ursulas.

Erste internationale Anerkennung bekam er 1964 für *Alexis Sorbas*, und 1968 wurde er für seine Darstellung des zu Unrecht gefangengehaltenen russisch-jüdischen Bauern in *The Fixer* für einen Oscar nominiert, aber erst die Rolle des erfolgreichen Malers an der Seite von Jill Clayburgh in *Eine entheiratete Frau* machte ihn zum Hollywood-Star.

Er lernte sein Handwerk an Londons innovativem Royal Court Theatre und steht immer noch regelmäßig auf der Bühne, ist aber auch im Fernsehen und auf der Leinwand zu sehen.

LINKS: Pressephoto für *Die Herrin von Thornhill*, 1967

PETER O'TOOLE

Mit seinem schneidig guten Aussehen und den intensiv blauen Augen, die unter seiner Wüstentracht hervorblitzten, wurde Peter O'Toole als der komplizierte und komplexe Abenteurer T. E. Lawrence in David Leans Epos *Lawrence von Arabien* 1962 zum romantischen Helden der Frau mit Verstand. Seitdem war seine Karriere eher von Zufällen bestimmt.

Er zeigte zwar später, etwa als der nervöse Frauenheld in *Was gibt's Neues, Pussy,* 1965, durchaus komödiantische Züge, schien aber lieber introvertierte Einzelgänger, Besessene oder gar Mystiker darzustellen. In *Lord Jim,* 1965, war er der unglückselige Idealist, der sich nach einer feigen Tat läutert, in *Mann von La Mancha,* 1972, der irregeführte Don Quixote, in *The Ruling Class* von 1972 ein verrückter junger Adliger, der sich für Gott hält. Zweimal spielte er auch Heinrich II., das erste Mal 1964 neben Richard Burton in *Becket,* danach 1968 in *Der Löwe im Winter* mit Katharine Hepburn.

O'Toole wurde im irischen Connemara geboren, wuchs aber in England auf; seine schauspielerische Ausbildung erhielt er an der RADA und später am Bristol Old Vic. Er bewahrte sich immer seine große Vorliebe fürs Theater und war in den siebziger und achtziger Jahren öfter auf der Bühne zu sehen, häufig in umstrittenen Produktionen. 1982 drehte er seinen nettesten Film, *My Favourite Year,* in dem er ein trunksüchtiges Matinee-Idol spielte – manche sagen Barrymore, andere sagen Flynn –, das übers Fernsehen ein Comeback versucht.

RECHTS: Pressephoto für *Lawrence von Arabien,* 1962

SEAN CONNERY

Die James-Bond-Thriller machten Sean Connery überall auf der Welt zu einem der größten Sex-Symbole des Kinos. Die Pistole im Halfter und stets von einem Schwarm bezaubernder Damen umgeben, verlieh er Ian Flemings aalglattem Spion den notwendigen Witz und die fürsorgliche Männlichkeit, die ihn als Phantasie-Liebhaber und Held der sechziger Jahre so anziehend machten. Ein liebenswürdiger und gleichzeitig hartgesottener Schotte, wirkte er außerordentlich sexy, vornehm, weltläufig und fähig, es mit allem und jedem aufzunehmen.

Auf den ersten, enorm erfolgreichen Bond-Film von 1962, *James Bond – 007 jagt Dr. No,* folgten *Liebesgrüße aus Moskau,* 1963, *Goldfinger,* 1964, und *Feuerball,* 1965. Connery versuchte schon 1964 in *Marnie* als eindringlicher Mark Ruthland und 1965 als leidenschaftlich aufsässiger Gefangener in *Ein Haufen toller Hunde,* von seinem Image loszukommen, aber es war schwierig für ihn, Bond abzustreifen und seine polierte Härte in anderen Filmen wirkungsvoll einzusetzen, teilweise auch deswegen, weil seine Fans es nicht wollten: weder Roger Moore noch George Lazenby hatten als Bond soviel Erfolg wie er. Er drehte zwei weitere Bond-Filme, *Man lebt nur zweimal,* 1967, und *Diamantenfieber,* 1971, und übernahm dann verschiedene andere Rollen, darunter in *Der Anderson Clan* von 1971 und *Der Mann, der König sein wollte,* 1975. Der elegante Spion verfolgte ihn jedoch hartnäckig – in *Sag niemals nie,* einer Neufassung von *Feuerball,* die nicht mehr unter der Kontrolle des Bond-Film-Schöpfers und -Produzenten »Cubby« Broccoli entstand, kehrte er als Bond auf die Leinwand zurück.

LINKS: aus *Liebesgrüße aus Moskau,* 1963

MICHAEL CAINE

Michael Caine hat eine merkwürdige Mischung aus proletenhaftem Charme und aristokratischer Arroganz, die sein unauffälliges Aussehen Lügen straft und am eindrucksvollsten 1966 in *Der Verführer läßt schön grüßen* zur Geltung kam, in dem er ohne den geringsten Anflug von Ritterlichkeit oder Gewissensbissen unzähligen Frauen sein Bett und damit gewisse Schwierigkeiten aufschwatzt. Die Wirksamkeit seiner nach außen hin freundlichen Abgebrühtheit war schon 1965 in *The Ipcress File* in der Rolle des schäbig heroischen, bebrillten Spions Harry Palmer deutlich geworden, ein Leinwandheld, gegen den eigentlich alles sprach, und ein völliger Gegensatz zu den beiden auf Hochglanz polierten britischen Stars Sean Connery und Roger Moore; aber das sehr sinnliche Image machte seine besondere Anziehungskraft aus.

Er war als Maurice Micklewhite in London geboren, arbeitete zunächst für Theater und Fernsehen und hatte – ironischerweise, wenn man sein späteres Image bedenkt – seinen ersten großen Erfolg als adliger Offizier in *Zulu,* 1964. Anschließend drehte er mehrere Kriegsfilme und Thriller; die besten waren *Das Mädchen aus der Cherry-Bar,* 1966, mit Shirley MacLaine und *Charlie staubt Millionen ab,* 1969, ein wunderbar witziger Kriminalfilm, in dem Caine einen kleinen Ganoven spielte, der einen großen Goldbarrenraub einfädelt.

In den siebziger Jahren wechselte Caine erneut das Fach, indem er ernstere Rollen in Filmen wie *Mord mit kleinen Fehlern,* 1972, *Der Mann, der König sein wollte* und *Die romantische Engländerin,* beide 1975, übernahm. Im letzteren spielte er einen Schriftsteller, der mit einer unzufriedenen Glenda Jackson verheiratet ist. Inzwischen hat er wieder zu seiner selbstironischen Art zurückgefunden, und bot in *Rita will es endlich wissen,* 1983, eine wundervolle Leistung als verquer romantischer akademischer Trunkenbold, der sich in Julie Walters verliebt.

RECHTS: Pressephoto für *Die Todesfalle,* 1968

STEVE McQUEEN

Ein harter Bursche mit Vorliebe für Metall – Waffen, Motorräder, Sportwagen und Handschellen –, war Steve McQueen; seine Leinwandpersönlichkeit war die des stoischen, kühlen, anmaßenden Einzelgängers, wie etwa des Helden von *Bullitt* (der Film mit *der* Verfolgungsjagd schlechthin, die er als hartnäckiger Polizist und menschliches Anhängsel einer riesigen, kraftvollen Maschine gewinnt). Vieles scheint auf McQueens privatem Hang zu Rennwagen und Motorrädern beruht zu haben.

Er wurde von seinen Großeltern aufgezogen und war ein schwieriger Jugendlicher, der drei Jahre in einer kalifornischen Besserungsanstalt zubrachte, von zu Hause weglief und zum Vagabunden wurde, der auf Schiffen, auf Ölfeldern oder als Jahrmarktschreier arbeitete. Von seinen drei Jahren bei der Marine saß er einundvierzig Tage in Haft, was ihm nichts ausmachte, er entdeckte, daß er schauspielern konnte und fand einen entsprechenden Ausbildungsplatz. Über sich selbst sagte er einmal: »In meinen Dackelaugen ist etwas, das die Leute denken läßt, ich sei gut, aber das stimmt nicht so ganz. Ich bin so ziemlich der, den ich in meinen Filmen spiele, und das habe ich mittlerweile auch akzeptiert.« Wie für James Coburn war auch für McQueen *Die glorreichen Sieben,* 1960, der Durchbruch. Danach spielte er 1962 den schweigsamen Einzelgänger in *Die ins Gras beißen,* und 1963 den heroischen Motorrad-Freak in *Gesprengte Ketten,* der sich mit seiner Maschine im Stacheldraht verheddert, blutend gefangengenommen und »abgekühlt« wieder ins Kriegsgefangenenlager zurückgebracht wird.

Seine Helden waren durch ihre Sensibilität und Selbstzweifel oft unkonventionell. Diese Eigenschaften machten ihn für Frauen ebenso anziehend wie für Männer. Seine interessantesten Rollen in den sechziger Jahren waren die als Berufsspieler in *The Cincinnati Kid,* 1965, als Halbblut-Cowboy in *Nevada Smith,* 1966, der die Mörder seiner Eltern zur Strecke bringt, und als Schiffsingenieur in *Kanonenboot am Yangtse-*

LINKS: aus *Gesprengte Ketten,* 1963

Kiang, 1966, der sich zu Candice Bergen hingezogen fühlt. 1968 streifte er sein Macho-Image ab und wurde zu einem eher herkömmlich romantischen Hauptdarsteller, als er neben Faye Dunaway in *Thomas Crown ist nicht zu fassen* einen scheinbar respektablen Geschäftsmann spielte, der sich als professioneller Bankräuber entpuppt. Es war sein albernster Film, aber inzwischen war er ein Superstar.

Mit *Junior Bonner*, 1972, kehrte er in der Rolle eines alternden Rodeo-Stars zu seiner früheren Leinwandpersönlichkeit zurück, und im selben Jahr noch bekam er es in *Getaway* mit Bankraub und Ali MacGraw zu tun, die später seine zweite Ehefrau wurde. In *Papillon*, 1973, spielte er mit der für ihn typischen Härte und Energie einen Sträfling (den es wirklich gegeben hatte) auf der Flucht vor der Grausamkeit und den Sümpfen der Teufelsinsel. Bei seinem letzten Film, *Ich, Tom Horn*, 1980, war er schon an Krebs erkrankt; seine dritte Frau, Barbara Minty, war bei ihm, als er nach einer Operation noch im gleichen Jahr im Alter von fünfzig starb.

RECHTS: Pressephoto für *Bullitt*, 1968
UNTEN: aus *Verliebt in einen Fremden*, 1963, mit Natalie Wood

SIDNEY POITIER

Der in Florida als Sohn westindischer Eltern geborene Poitier wurde Amerikas erster schwarzer Leinwandheld. Als Virgil Tibbs, ein junger Beamter der Mordkommission mit einem rassistischen Chef, Rod Steiger, wurde er mit *In der Hitze der Nacht,* 1967, zum Bannerträger der Rassengleichheit. Im selben Jahr trat er außerdem in *Junge Dornen* auf und spielte den harmlos höflichen, gutaussehenden, erfolgreichen Verlobten von Katharine Houghton in *Rate mal, wer zum Essen kommt;* der erste Film, der wenn auch nicht ganz gelungen, die schwarz/weiße Geschlechtertrennung behandelte. Danach wurde er meistens als netter, ungefährlicher, wohlerzogener Schwarzer eingesetzt und wandte sich deshalb einer Tätigkeit als Produzent und Regisseur zu; in den siebziger Jahren arbeitete er auch wieder als Darsteller, besonders mit Bill Cosby. Schließlich zog er sich aber doch zurück, und zwar mit dem Kommentar, er wolle kein Schauspieler mehr sein, weil Schwarze im Film nach wie vor nur als stumpfsinnige Raufbolde, Aufschneider, Sex-Protze oder Sing- und Tanzpuppen aufträten.

RECHTS: Pressephoto für *Rate mal, wer zum Essen kommt,* 1967

GEGENÜBER: aus *Thomas Crown ist nicht zu fassen,* 1968, mit Faye Dunaway

ALAIN DELON

Alain Delons romantisches Gangster-Image wurde durch seine Unterweltkontakte noch verstärkt, besonders seitdem diese ans Licht kamen, nachdem man 1968 seinen Leibwächter ermordet hatte. In dem darauf folgenden Skandal wurde Delon von jeglicher Verantwortung freigesprochen, und der Vorfall diente nur dazu, seine Leinwandpersönlichkeit noch glaubhafter zu machen: Im nächsten Jahr hatte er mit dem blutrünstigen *Borsalino,* den er auch produzierte, einen Riesenerfolg. Er spielte darin einen kleinen Gauner, der an der Seite von Jean-Paul Belmondo zum Gangsterkönig im Marseille der dreißiger Jahre wird. Er wurde 1957 bei den Filmfestspielen in Cannes entdeckt und lehnte zunächst einen Hollywood-Vertrag ab, um mit europäischen Regisseuren zu arbeiten. Zum Star wurde er mit *Nur die Sonne war Zeuge,* einem Thriller von 1960, als junger Amerikaner, der Maurice Ronet um seinen Besitz und sein Mädchen beneidet und es sich zum Ziel macht, seinen Platz einzunehmen, und durch gute Rollen in den Visconti-Filmen *Rocco und seine Brüder,* 1960, und *Der Leopard,* 1963. Mitte der 60er Jahre machte er kurz, aber nicht sonderlich erfolgreich, international Karriere, indem er z. B. 1964 neben Shirley MacLaine in *Der gelbe Rolls-Royce* einen italienischen Gigolo spielte.

Ende der sechziger Jahre wurde der glatte, bedrohliche Delon dann zum Inbegriff des schweigsamen, psychopathischen Gangsters, der in die Kamera starrte wie die Katze auf eine Maus. Seine unnachgiebige Skrupellosigkeit kam erst in Jean Pierre Melvilles *Der eiskalte Engel,* 1967, so richtig zur Geltung. Darauf folgten *Vier im roten Kreis,* 1970, und *Dirty Money,* 1972. Der Erfolg von *Borsalino* veranlaßte ihn zu weiteren lukrativen Unternehmungen als Produzent, die ihm soviel einbrachten, daß er 1985 mit der Begründung, es sei unerträglich, in Frankreich unter einer sozialistischen Regierung zu leben, in die Schweiz umzog.

LINKS: Porträt, ca. 1968

JEAN-PAUL BELMONDO

Belmondo wurde als der Bogart vergötternde Anti-Held in *Außer Atem,* 1960, über Nacht berühmt und etablierte sich in der bemerkenswerten Rolle des leicht verrückten Protagonisten von *Elf Uhr nachts,* 1965, als existentialistische Galionsfigur der rebellischen Jugend der sechziger Jahre. Seine Leinwandpersönlichkeit enthielt Elemente von James Dean, Humphrey Bogart und sogar Marlon Brando.

Sein Außenseiter-Image, gleichzeitig schroff, sensibel, asozial und zärtlich, ist weniger bedrohlich und psychopathisch als das von Alain Delon, mit dem er 1970 in *Borsalino* in verbrecherischen Exzessen schwelgte; sein zerknautschtes Gesicht und sein gekränkter, resignierter Blick sind ein angenehmer Kontrast zu Delons eisiger Schönheit. Er ist Sohn eines Bildhauers und schaffte es, Jean Gabin als beliebtesten Kinostar Frankreichs abzulösen, ein Schauspieler mit großer Begabung, der alle möglichen Rollen spielte, vom Tölpel über den Studenten bis zum Fabrikarbeiter, Priester und französischen Robin Hood in *Cartouche, der Bandit,* 1962. Heute präsentiert er meistens wieder sein bewährtes Gangster-Image in kommerziell gemachten, munteren Thrillern und trat in den siebziger Jahren unter anderem als der betrügerische Titelheld von *Stavisky,* 1974, auf, in den er auch selbst Geld investierte; er ist jetzt Leiter einer eigenen Produktionsfirma.

RECHTS: Pressephoto für *Stunden voller Zärtlichkeit,* 1960

MARCELLO MASTROIANNI

Internationale Popularität erlangte Mastroianni 1960 durch den Fellini-Film *Das süße Leben,* in dem seine wunderbaren Augen und seine schwermütige Sinnlichkeit den von ihm verkörperten Charakter – einen Journalisten, der von der dekadenten *malaise* des modernen Rom befallen ist – trotz seiner Hohlheit sympathisch machen. Der Filmkritiker Alexander Walker sagte später über ihn: »Was seine Unzulänglichkeit aufwiegt, ist das Wunschdenken seiner Zuschauer, in der Hauptsache weiblichen Geschlechts und romantisch gesonnen, die sich zu ihm als Objekt ihrer Fürsorge hingezogen fühlen und gleichzeitig erregt sind, wenn sie ihn sich mit wiederhergestellten Kräften ausmalen.«

Er ist in der Nähe von Rom geboren und war ursprünglich Kontorist. Er arbeitete zunächst am Theater und war in Italien schon vor *Das süße Leben* ein Kinostar. Im weiteren Verlauf seiner Leinwandkarriere in den sechziger Jahren entwickelte sich sein Image zusehends in Richtung Weltmüdigkeit und Übersättigung. Seine Rollen in italienischen Filmen waren im allgemeinen nach wie vor interessant, in internationalen Produktionen dagegen, wo er den von schönen Frauen umschwärmten südländischen Liebhaber spielte, eher belanglos. So bot er in Antonionis *Die Nacht,* 1961, als gelangweilter Romanautor und Ehemann von Jeanne Moreau eine ausgezeichnete Leistung, desgleichen als kreativ hilfloser Filmregisseur in Fellinis *8½*, 1963, enttäuschte jedoch in *Scheidung auf italienisch,* 1961, als sizilianischer Baron, der seine langweilige Ehefrau dazu bringen will, daß sie sich kompromittiert, damit er seine hübsche Cousine heiraten kann, und in *Hochzeit auf italienisch,* 1964, wo er einen aufdringlichen Playboy spielte, der sich Sophia Loren gegenüber wie ein Flegel benimmt. In den siebziger Jahren fiel er besonders positiv als reicher, lebensmüder Adliger in John Boormans *Leo, der Letzte,* 1970, auf und hatte 1973 eine seiner besten und groteskesten Rollen in *Das große Fressen.*

OBEN: aus *8½*, 1963

OMAR SHARIF

Omar Sharif wurde einmal von dem Fernsehkritiker Clive James mit »einer vor Leidenschaft glimmenden Schachtel Datteln« verglichen und war bereits Ägyptens führender Kinostar, als David Lean ihn 1962 Peter O'Tooles Busenfreund, den Scheich, in *Lawrence von Arabien* spielen ließ und 1965 als Julie Christies treuen russischen Arzt in *Dr. Schiwago* besetzte. Diese beiden Filme verhalfen ihm zu einem internationalen Status als Herzensbrecher und lieferten ihm seine berühmtesten und typischsten Rollen als Exot mit edlem Profil und romantischer, idealistischer Gesinnung.

Auch in weniger anspruchsvollen Parts spielte Sharif den modernen feurigen Liebhaber mit einem Anflug von Heroismus: in *Der gelbe Rolls-Royce,* 1964, einen jugoslawischen Partisanen, der in Ingrid Bergman verliebt ist, in *Mayerling,* 1968, den österreichischen Kronprinzen und in *Die Frucht des Tropenbaumes,* 1974, neben Julie Andrews einen russischen Militärattaché. In *Funny Girl,* 1968, dagegen präsentierte er sich als Tunichtgut und Spieler, der mit Fanny Brice (Barbra Streisand) verheiratet ist, und in *Ein Hauch von Sinnlichkeit* war er der ziemlich hölzerne Geschäftsmann von heute, der im schönen Rom eine Affäre mit Anouk Aimée hat. Momentan zieht er es vor, vielleicht wegen der Langweiligkeit dieser Rollen, seiner Leidenschaft fürs Bridge zu frönen.

RECHTS: Pressephoto für *Lawrence von Arabien,* 1962

WARREN BEATTY

Beattys Leinwandpersönlichkeit ist die eines charismatischen, letztlich aber hilflosen Mannes, der von Kräften getrieben wird, die außerhalb seiner Kontrolle liegen; und diese Kombination aus Aufsässigkeit und Ohnmacht ist es, die ihn zusammen mit seinem klassisch guten Aussehen so attraktiv macht. Sein Image rührte aus dem Film *Bonnie und Clyde*, 1967, wo er den eigensinnigen und impotenten kleinen Gauner Clyde Barrow spielte, dessen halb komische Raubzüge mit Faye Dunaway mit blutiger Vergeltung von seiten des Establishments enden. Beatty war von dem Drehbuch tatsächlich so beeindruckt, daß er den Regisseur, Arthur Penn, anheuerte, den Film selbst produzierte und das Studio zwang, den Film nach anfänglichen Mißerfolgen erneut zu verleihen – ein Zeichen für seine unternehmerischen Fähigkeiten, die später noch deutlicher zutage treten sollten.

Als jüngerer Bruder von Shirley MacLaine hatte Beatty 1961 sein Debüt in Kazans *Fieber im Blut* und eine seiner interessantesten frühen Rollen als neurotischer Nachtclub-Komiker *Mickey One,* seinem ersten Film mit Arthur Penn. Nach dem Erfolg von *Bonnie und Clyde* war er Mit-Autor und Produzent von *Shampoo,* 1975, in dem er einen Friseur, den Super-Casanova von Beverly Hills, spielte, der im Laufe eines einzigen Tages mit seiner Freundin (Goldie Hawn) sowie mit der Ehefrau, der Tochter und der Geliebten seines Rivalen (Julie Christie) ins Bett geht. Die Wirkung dieses Images wurde dadurch verstärkt, daß er auch privat noch nicht fest gebunden war.

Seitdem war Beatty als Mit-Autor, Produzent und Schauspieler an zwei weiteren wichtigen Filmprojekten beteiligt. Das erste war *Der Himmel soll warten,* 1978, wo er als Football-Spieler auftrat, der vor seiner Zeit stirbt und wieder auf die Erde zurückgeschickt wird, um den Körper eines Großindustriellen zu beseelen, damit dieser seine unsozialen Geschäftspraktiken aufgibt. Das zweite, *Reds,* 1981, war ein breit angelegtes politisches Epos, das die Laufbahn von John Reed, eines Mitbegründers der Kommunistischen Partei von Amerika, nachzeichnete und eine Romanze mit Diane Keaton enthielt, die auch privat existierte.

GEGENÜBER: aus *Mein Bruder... ein Lump,* 1962
OBEN: aus *Bonnie und Clyde,* 1967, mit Faye Dunaway

GEORGE SEGAL

Segal ist gebürtiger New Yorker, und seine Leinwandpersönlichkeit, ob in Komödien, ernsthaften Filmen oder Spionage-Thrillern, ist sehr stark geprägt durch den modernen Großstadtbewohner: zynisch, kultiviert und ehrgeizig, gewöhnlich ein Angehöriger der Mittelschicht und ziemlich konventionell, in seinem Gefühlsleben aber von reizvoller Hilflosigkeit. In den sechziger Jahren übernahm er so unterschiedliche Rollen wie die des jungen Professors in *Wer hat Angst vor Virginia Woolf?* und des heruntergekommenen Spions in *The Quiller Memorandum,* beide 1966. Danach spielte er zunehmend den eher liebenswerten Helden, der die Zwänge, denen der Stadtmensch von heute ausgesetzt ist, mit Humor erträgt. Mehr als nur ein hübsches Gesicht zeigte er 1973 in *Mann, bist du Klasse!* als glücklich verheirateter Mann, der in eine abweisende Modedesignerin, Glenda Jackson, verliebt ist, und 1970 in *Die Eule und das Kätzchen* als Partner Barbra Streisands, eines exzentrischen leichten Mädchens. In *Loving,* 1970, spielte er einen Graphiker, der sich auch wieder in dem Dilemma Ehefrau oder Geliebte befindet, und drei Jahre später den männlichen Protagonisten von *Blume in Love,* der inzwischen zum Ex-Ehemann gediehen ist und das Dilemma immer noch nicht gelöst hat, sondern jetzt eine Affäre mit seiner ehemaligen Frau, Susan Anspach, ins Auge faßt. In Robert Altmans *California Split,* 1974, hatte er an der Seite von Elliott Gould einen eindrucksvollen Auftritt als besessener Spieler, und auch in *The Duchess and the Dirtwater Fox* kamen in der Rolle des leicht inkompetenten Gauners und erneuten Partners einer Prostituierten die eher zwielichtigen Seiten seines Typs zutage.

LINKS: Porträt, ca. 1970

PAUL NEWMAN

Paul Newman ist im Verlauf seiner Filmkarriere wie auch seines Privatlebens zum Repräsentanten des »guten« Außenseiters geworden; distanziert, ironisch und idealistisch trotz seiner rebellischen Anwandlungen. Eine einzigartige Kombination reizvoller Eigenschaften machte ihn zu einem der größten männlichen Stars der neueren Zeit. Selbst heute noch bewundern Frauen, Männer und Kritiker seinen Schwung, seine Energie und sein umwerfend gutes Aussehen; sein amüsiertes halbes Lächeln und die berühmten blauen Augen strahlen nach wie vor eine jugendliche Respektlosigkeit und äußerst anziehende Selbstironie aus.

Newmans Laufbahn begann zwar schon Ende der fünfziger Jahre, aber sein größter Erfolg kam erst 1969 mit dem Kumpel-Film *Zwei Banditen,* der aus der authentischen Geschichte zweier Wildwest-Ganoven die eines liebenswerten Paares von Strolchen machte, deren Freundschaft mit schnellem und beiderseitigem Tod endet. Auch in *Der Clou*, 1973, waren Newman und Redford ein Gespann unter der Regie von George Roy Hill, diesmal als charmante Schwindler. Es ging in diesem Film um sehr starke, normalerweise aber nicht artikulierte Gefühle zwischen Männern, um die fast schroff unsentimentale, aber loyale Zuneigung, die nach der Schulzeit gewöhnlich unterdrückt wird. Faszinierenderweise waren Newman und Redford selbst nie eng befreundet, und beide sind privat sehr auf ihr häusliches Leben fixiert: Newmans Ehe mit der Schauspielerin Joanne Woodward ist eine der beständigsten Hollywoods.

Newman wuchs in einem wohlhabenden Elternhaus auf; sein Vater war Jude und besaß ein Geschäft für Sportzubehör, seine Mutter war Katholikin, die sich dann dem Szientismus zuwandte und versuchte, ihren Sohn in diesem Glauben zu erziehen. An der High School nahm Newman an Theateraufführungen teil, machte einen College-Abschluß in Ökonomie, war im Zweiten Weltkrieg Funker, erwog eine Laufbahn als Lehrer und übernahm dann beim Tode seines Vaters das elterliche Geschäft. Er er-

RECHTS: Pressephoto für *Der lange, heiße Sommer,* 1958

HOT

kannte aber sehr schnell, daß die Sportbranche nicht sein Metier war, überließ das Ganze seinem Bruder und landete nach der Schauspielschule in Lee Strasbergs New Yorker Actors' Studio.

Seine ersten Filmrollen waren sehr stark von Brando geprägt – er war neurotisch, mürrisch und wortkarg. Wie er spielte er Tennessee Williams' Anti-Helden, und zwar in *Die Katze auf dem heißen Blechdach,* 1958, und in *Süßer Vogel Jugend,* 1962, der ihm seine erste Oscar-Nominierung einbrachte; es gab sogar eine Zeit, in der er als »Neuer Brando« bezeichnet wurde. Innerhalb von ein paar Jahren kristallisierte sich jedoch ein anderes, ganz spezifisches Image heraus – ein Typ, hinter dessen Macho-Verhalten und ironisch selbstbewußtem Auftreten sich sexuelle Ängste und soziale Inkompetenz verbergen. In *Haie der Großstadt,* 1961, *Der Wildeste unter Tausend,* 1963, und *Der Unbeugsame,* 1967, präsentierte er sich in einer Mischung aus Stärke, Ausgelassenheit und Verletzlichkeit, mit der sich viele Männer identifizieren konnten. Diese »Einzelgänger«-Filme wurden Anfang bis Mitte der siebziger Jahre durch die individualistischen Helden von *Das war Roy Bean,* 1972, und *Buffalo Bill und die Indianer,* 1976, abgelöst. Newmans sexuelle Anziehungskraft blieb ihm bis ins mittlere Alter hinein erhalten, trotz oder vielleicht auch wegen der Aufrichtigkeit, mit der er Charaktere spielte, die empfindsam auf die Enttäuschungen und Ernüchterungen des Lebens reagieren. Eine seiner besten Rollen hatte er 1977 in *Schlappschuß* als der heruntergekommene, schmutzige Reden führende Trainer einer zweitklassigen Eishockey-Mannschaft. Newman war weit davon entfernt, als alterndes Sex-Symbol zum distinguierten Senior zu werden, sondern nutzte die Gelegenheit, sich 1981 in *The Verdict* als Alkoholiker und gescheiterter Anwalt so unschön wie möglich zu zeigen.

In manchen Punkten entspricht New-

GEGENÜBER: aus *Die Hölle ist in mir,* 1956
OBEN: aus *Von der Terrasse,* 1960, mit Joanne Woodward
LINKS: aus *Die Katze auf dem heißen Blechdach,* 1958, mit Elizabeth Taylor

OBEN: aus *Zwei Banditen,* 1969, mit Robert Redford
GEGENÜBER: Pressephoto für *Der Clou,* 1973

mans Privatleben dem Image eines Hollywood-Stars; eine seiner Leidenschaften sind Rennwagen, die er sehr professionell und oft auch als Sieger fährt. In anderer Hinsicht jedoch bleibt er ein Außenseiter. Die Schmeicheleien, die ihm noch immer entgegengebracht werden, sind ihm peinlich, und es heißt, daß die Bitte, seine Sonnenbrille abzunehmen, für ihn dasselbe bedeutet, als wenn man eine Frau auffordert, ihren Busen zu entblößen. Er ist ein erklärter Liberaler, beteiligt sich aktiv an der Bürgerrechtsbewegung sowie an Kampagnen der Demokraten und für die Rechte der Homosexuellen und bezeichnet die Schauspielerei oft als langweilig. Newman hat zwei Töchter aus seiner ersten Ehe mit Jacqueline Witter – ihr Sohn Scott starb 1978 an einer Überdosis von Drogen und Alkohol – und drei Töchter aus zweiter Ehe. Mit seiner Frau Joanne Woodward ist er in einer Reihe von Filmen gemeinsam aufgetreten oder hat zusammen mit ihr Regie geführt, darunter in *Rachel Rachel,* 1968, *Indianapolis,* 1969, und *Harry & Son,* 1984, die alle interessant und manchmal sehr gut waren.

STARS DER GEGENWART

Unser Blick auf die jüngste Zeit ist noch dadurch getrübt, daß der geringe Abstand unsere Perspektive verschwimmen läßt, obgleich diese Unschärfe vielleicht eine realistischere Sicht ermöglicht. Jedenfalls kann man sagen, daß die achtziger Jahre sich auf ganz bestimmte Weise von den siebzigern unterscheiden.

Die Produktion wird mittlerweile sehr stark von kommerziellen Zwängen bestimmt. Durch die Expansion der australischen Filmindustrie, hervorgerufen durch finanzielle Unterstützung von seiten der Regierung in den frühen siebziger Jahren, entstanden hervorragende Filme; Mel Gibson ist so schon zum internationalen Star geworden. In Hollywood versucht man, die Probleme dadurch zu lösen, daß man weniger, aber teure Filme dreht, die einen garantierten Erfolg an der Kinokasse versprechen, also nicht mehr die Riesenzahl von Für-jeden-etwas-Produktionen mit mittlerem Budget, wie sie Anfang der siebziger Jahre üblich waren. Die britische Filmindustrie fühlt sich durch Channel Four, den neuen unabhängigen Fernsehsender, zu vermehrten Billig-Produktionen ermutigt, ist aber durch mangelnde Unterstützung von seiten der Regierung zunehmend frustriert.

Ende der sechziger Jahre waren die Studios sich darin einig, daß das Fernsehen nicht ihren Tod bedeuten müßte, wenn sie nur die Filme machen könnten, die das Publikum sehen wollte. Sie reorganisierten sich und fingen wieder an, Stars zu kreieren. Superstars wie Clint Eastwood, Robert Redford, Burt Reynolds und der Dauerbrenner Paul Newman brachten ihnen Millionengewinne ein. In Eastwood sahen die Zuschauer das amerikanische Männerideal – hart, aber manchmal zärtlich, vernünftig, doch gelegentlich leichtsinnig und sexy, ohne viel Wind darum zu machen. Redford verkörperte den ehrenhaften Anti-Städter, obgleich er in seinen Rollen oft die Erfolgreichen, Rücksichtslosen und Wohlhabenden aufs Korn nahm. Reynolds war der männliche Komödiant. Newman machte den Leuten auf die ihm eigene, unnachahmliche Weise einfach weiterhin eine lange Nase. Und in einer Zeit, als die Pop-Musik gerade ein Tief hatte, fand die Jugend mal wieder in einem Kinostar ihren Helden – John Travolta, der vorübergehend so berühmt war wie Valentino.

Gleichzeitig wuchs eine neue Generation von Regisseuren heran: die »Film-Rangen« wie Steven Spielberg und George Lucas; britische Regisseure wie Ridley Scott und Alan Parker, die aus der Werbung kamen. Oft waren sie, wie Martin Scorsese, ein Produkt der Filmakademien und gingen von daher eher intellektuell an ihre Filme heran. Die Publikumsstruktur änderte sich erneut. Die regelmäßigen Kinogänger waren jetzt unter dreißig und Akademiker mit oder ohne Universitätsabschluß. Ihre Helden waren Dustin Hoffmann, Jack Nicholson und Woody Allen, Typen, die den traditionellen Vorstellungen von Leinwandheroen überhaupt nicht entsprachen. Das Bild vom attraktiven Mann hatte sich beträchtlich gewandelt. Er war wirr oder anarchisch oder Stadtneurotiker. Manchmal war er auch sexy, aber keineswegs umwerfend schön. Den bebrillten, zappeligen Woody Allen hätte man im Hollywood der dreißiger Jahre ausgelacht; damals war der »intellektuelle« Mann nur annehmbar, wenn er zumindest wie Cary Grant in *Leoparden küßt man nicht* aussah. Und hier war nun Allen, und zwar nach alter Sitte privat wie auf der Leinwand, von den bezauberndsten Hauptdarstellerinnen der Branche umgeben.

Die Siebziger waren das Jahrzehnt des Polizei-Thrillers oder seines Ablegers, des Selbstjustiz-Films. Eastwoods *Dirty Harry* und dessen Fortsetzungen spiegelten die neue Leidenschaft für Recht und Ordnung und das Dilemma des Menschen im Dschungel der Städte wider; einer seiner letzten Filme, *Der Wolf hetzt die Meute,* handelt von einem sado-masochistischen Polizisten. Hauptdarsteller kletterten nun in Uniformen. Donald Sutherland drehte *Klute,* Al Pacino *Serpico,* und Robert De Niro explodierte in *Taxi-Driver* vor Frustration und Gewalttätigkeit. Alle drei waren Vorläufer des neuen Leinwandhelden, der eher als Mann der Tat denn als tiefsinniger Gefühlsmensch auftritt.

Auch andere Trends sind erwähnenswert. Die Lage der Menschheit im nuklearen Zeitalter wurde thematisiert; zu den politischen Ereignissen der sechziger Jahre, allen voran Vietnam, besteht genügend Abstand, um Filmstoff für Hollywood zu bieten, und die Zukunft – Raumfahrt und die dazugehörige Technologie – ist zum fruchtbaren Terrain für die Abenteurer der Leinwand geworden. Harrison Ford ist die Version des 21. Jahrhunderts von unserem alten Freund, dem säbelrasselnden Freibeuter. Im dritten Jahrzehnt des Feminismus hat uns die veränderte Definition der Rolle des Mannes die Hoffman-Filme *Kramer gegen Kramer* und *Tootsie* beschert oder romantische Geschichten wie *Eine heißkalte Frau* mit William Hurt und *Betrug* mit Jeremy Irons, in denen Männer dargestellt sind, die von ihren Partnerinnen abserviert werden. In *Eine entheiratete Frau* beschließt Jill Clayburgh, lieber allein zu bleiben, als zu ihrem Ehemann zurückzukehren oder sich verbindlich auf ihren Liebhaber, Alan Bates, einzulassen. Die Gewalttätigkeit und Frustration der siebziger Jahre wurde von einer Atmosphäre der Akzeptanz und des Konservatismus abgelöst, und es gibt eine Flut von nostalgischen Filmen.

Äußerliche Einflüsse haben sowohl die Persönlichkeit als auch die physischen Eigenschaften des Leading Man geformt. Die vielen Archetypen der dreißiger und vierziger Jahre sind irrelevant geworden, und neuerdings ist wieder zunehmend maskuline Stärke gefragt, wie sie etwa bei dem Schauspieler und Regisseur Sam Shepard in Erscheinung tritt. Die Leidenschaft der Kalifornier für Gesundheit und Fitness hat alle Aufmerksamkeit auf den Körper konzentriert. Der Torso von Superman sagt alles; die breiten Schultern, die muskulösen Beine. Das männliche Vorbild ist der Athlet. Der Sport mit seiner Betonung angeblich »maskuliner« Eigenschaften wie Konkurrenz, Aggressivität, Rücksichtslosigkeit und physischer Kraft hat ein neues Körperideal geschaffen. In der Vergangenheit dienten die Frauen als Pin-ups – heutzutage werden Männer fast ebenso präsentiert.

Dies könnte eine Reaktion auf die hormonelle Verwirrung in der gegenwärtigen Jugendkultur sein, deren Höhepunkt der ständige Geschlechtswechsel von Boy George und seinen diversen Kopien ist. Das Kino hat schon oft versucht, seine Schwierigkeiten mit einem Rückgriff auf ruhigere Zeiten zu lösen – in diesem Fall auf eine Ära, als Männer noch Männer waren und nicht Nervenbündel, die ihre Neurosen auf der Leinwand ausleben.

Was immer der Grund sein mag, die Subtilität, Empfindsamkeit und Intelligenz des Mannes der siebziger Jahre spielt jetzt wieder eine geringere Rolle. Die schüchterne Grazie eines Sam Shepard erinnert zwar an Gary Cooper, aber im allgemeinen sind die Filmhelden unserer Zeit unkompliziert, gutaussehend, große, massige Muskelpakete wie Richard Gere und Matt Dillon, die sexuell bedrohlich wirken. Man kann fast davon ausgehen, daß sich bei vielen Frauen, so sehr der Feminismus inzwischen auch Teil unserer Kultur sein mag, die erotischen Reflexe kaum verändert haben. Männe mag zwar in der Küche das Geschirr abwaschen und sie nach einem harten Arbeitstag ihre Aktenmappe abstellen, aber wonach sie sich heimlich sehnt, ist immer noch, daß der Prinz aus dem Märchen an ihre Tür klopft.

CLINT EASTWOOD

Wie eine ruhige, selbstsichere Raubkatze, die Männern gegenüber unnachgiebig und zu auserwählten Frauen zärtlich ist, strahlt Clint Eastwood eine lässige, beiläufige Sinnlichkeit und eine äußerst kontrollierte Gespanntheit aus, die gelegentlich in orgiastische Brutalität umschlägt. Eastwood wirkt zwar nicht so derb wie John Wayne, und seine Leinwandpersönlichkeit ist weder schlicht patriarchalisch noch fanatisch gesetzestreu, aber er wurde in den siebziger Jahren zu einem amerikanischen Macho-Idol und gilt heute als Waynes natürlicher Nachfolger in seiner Position als führender Held des Action-Films. Manchmal jedoch, wie etwa in *Dirty Harry,* wo Eastwood dem zur Strecke gebrachten Mörder gewaltsam ein Geständnis abpreßt, ist sein Image sehr viel unheroischer.

Vieles an Eastwoods Einzelgänger-Rollen wurzelt in seiner eigenen Erfahrung; er wurde während der Depression in San Francisco geboren und hatte ein unstetes Familienleben, da sein Vater auf der Suche nach Arbeit ständig auf Reisen war. Er war ein selbstgenügsamer, ziemlich introvertierter Junge, der seine einzigen schulischen Erfolge im Sport hatte. Später nahm er Gelegenheitsarbeiten als Lastwagenfahrer und Holzfäller an und war Schwimmtrainer bei der Armee. Zum Film kam er zunächst als Statist und in kleinen Nebenrollen. Seinen Durchbruch hatte er mit der Fernsehserie *Rawhide,* in der er sieben Jahre lang den jungenhaft lässigen Cowboy Rowdy Yates spielte.

Die Figur des zynischen, idealistischen Nomaden, der in einem sinnlosen Universum als Rächer auftritt, entwikkelte Eastwood zum ersten Mal als »Mann ohne Namen« in Sergio Leones Spaghetti-Western-Trilogie *Für eine Handvoll Dollar,* 1964, *Für ein paar Dollar mehr,* 1965, und *Zwei glorreiche Halunken,* 1966. Dieser Charakter war völlig neu – Eastwood erinnert sich, daß er ihn »viel sparsamer und weniger expressiv darstellte, als es das Drehbuch ur-

GEGENÜBER: aus *Dirty Harry,* 1971
OBEN: aus *Sadistico,* 1971, mit Jessica Walter
LINKS: aus *Der Mann aus San Fernando,* 1978, mit Sondra Locke

sprünglich vorgesehen hatte« – und wurde begeistert aufgenommen. Anschließend verpflanzte er den moralischen Gesetzesbrecher in ein modernes, städtisches Umfeld und war jetzt der Polizist, der nicht immer den bürokratischen Weg einhält. In *Coogans großer Bluff,* 1968, spielte er einen Deputy Sheriff aus Arizona, der einen Mörder aus New York abholen soll, und in *Dirty Harry,* 1971, einen Polizisten, der gegen den Amtsschimmel kämpft, während er in San Fancisco einen sadistischen Killer zur Strecke bringt. Das heikle Verhältnis eines Leinwandhelden zum Gesetz erklärte Eastwood einmal folgendermaßen: »In dieser Ära der Bürokratie, der komplizierten Lebensumstände mit ihrer Einkommensteuer und der allgegenwärtigen Politik existiert die Vorstellung von einem Mann, der bestimmte Dinge selbst in die Hand nimmt. Dieses Wunschbild wird es immer geben, und ich glaube, daß es bewundert wird.«

Im selben Jahr drehte Eastwood als Regisseur und Schauspieler den oft unterschätzten Film *Sadistico,* in dem er die Rolle eines Discjockeys übernahm, der es gegen seinen Willen mit einem mörderischen weiblichen Fan zu tun bekommt. Er spielte zwar immer noch den Einzelgänger, präsentierte sich hier aber stärker als emotionales, sexuelles Wesen im bewußten Konflikt zwischen Isolation und Intimität. Auch dieses Image enthält Aspekte, die anscheinend Eastwood selbst ähneln, einem Individualisten, der Einmischungen in sein Privatleben nicht schätzt. Dasselbe gilt für sein Verhältnis zu Frauen; er bekennt sich zur Monogamie, und seine Ehe mit Maggie Johnson hielt 28 Jahre.

Eastwood ist einer der wenigen Superstars, die es heute noch gibt. Er arbeitete auch weiterhin als Regisseur und errang den Beifall der Kritiker mit *Der Texaner,* 1976. Ins komische Fach wechselte er 1978 mit dem Kassenschlager *Der Mann aus San Fernando,* in dem er an der Seite eines Gorillas und seiner wirklichen Lebensgefährtin Sondra Locke auftrat; mit *Der Wolf hetzt die Meute* dagegen kehrte er wieder zu einer düstereren Version von *Dirty Harry* zurück und spielte den Polizisten, der einen Sexualmörder jagt, dabei aber denselben gewalttätigen Impulsen unterliegt wie sein Wild.

OBEN: Pressephoto für *Für ein paar Dollar mehr,* 1965

KRIS KRISTOFFERSON

Kristoffersons Leinwand-Image hat das lässige Charisma eines ehemaligen Rock-Stars und den zurückhaltenden Charme des intelligenten Akademikers, der ebenso über Köpfchen wie über Muskeln verfügt. Er studierte in Oxford, bevor er fünf Jahre lang in Deutschland bei der Armee war und dann nach Nashville ging, wo er schließlich als Sänger und Stückeschreiber international erfolgreich wurde; zu seinen Songs gehörte der Klassiker »Me and Bobby McGee« für Janis Joplin. Passenderweise ist er auf der Leinwand meistens der auf Macho-Art attraktive Anti-Held: in seinem ersten großen Film, *Cisco Pike,* 1971, als Sänger, in *Pat Garrett jagt Billy the Kid,* 1973, als romantischer Outlaw, in *Convoy,* 1978, als Lastwagenfahrer und in *A Star is Born,* 1976, als Pop-Star an der Seite von Barbra Streisand.

1973 hatte Kristofferson seinen filmischen Durchbruch mit Peckinpahs *Pat Garrett jagt Billy the Kid.* Er spielte darin den Billy neben James Coburn, Bob Dylan und Rita Coolidge, die er bald danach heiratete. Anschließend gewann sein ruhiger, langhaariger Charme das Herz von Ellen Burstyn in Scorseses *Alice lebt hier nicht mehr,* 1975, und in *Zwei ausgebuffte Profis,* 1977, war er der sensible Fußballstar, der Jill Clayburgh mit Burt Reynolds teilt. In den 70er Jahren war Kristoffersons Privatleben nicht gerade das eines Heiligen; er trank sehr viel, bis er sich selbst als alkoholsüchtigen Selbstmörder in *A Star is Born* sah und sich sofort mit der Rolle identifizierte. Geschieden, mit glatten Wangen und nüchtern war er bald danach in Michael Ciminos *Das Tor zum Himmel* zu sehen.

RECHTS: Studioporträt, 1976

BURT REYNOLDS

Mit seiner Energie und der behaarten Brust strahlt Burt Reynolds auf der Leinwand stets sexuelles Selbstvertrauen aus, sei es als Polizist, als Fußballer oder als liebenswerter Schurke. Über seinen athletischen Körperbau und seinen Ruf als mannhafter Playboy und Junggeselle macht er sich selbst lustig, und er war 1972 als erster Mann völlig nackt auf einem großen Photo in »Cosmopolitan« zu sehen – eine Entscheidung, die er nach eigenem Bekunden inzwischen bedauert.

Reynolds wurde in Georgia als Enkel eines Cherokee-Indianers geboren und war auf bestem Weg zu einer Karriere als Profi-Fußballer, die aber durch einen Autounfall jäh beendet wurde. Ende der sechziger Jahre war er ein mittelmäßiger Schauspieler in Western, der sich allmählich einigermaßen mauserte; dann wurde er 1972 mit John Boormans *Beim Sterben ist jeder der Erste* zum Star. Im selben Jahr verkleidete er sich für *Auf leisen Sohlen kommt der Tod* als Nonne und zeigte ein gutes Gespür fürs Lächerliche und für bissige Komödien, die seitdem sein hauptsächliches Metier geblieben sind. In *Der Tiger hetzt die Meute* tauchte 1973 zum ersten Mal die Figur des Gator auf, der dann mehrere Fortsetzungen beschert waren; in *Die Kampfmaschine,* 1974, spielte er einen Sträfling, der seine Mitgefangenen für ein entscheidendes Match gegen die Wärter trainiert. Auch in *Zwei ausgebuffte Profis,* 1977, war er wieder ein Fußballer, der Kris Kristoffersen schließlich doch Jill Clayburgh abspenstig macht, und in *Sharky und seine Profis,* 1981, ein degradierter Polizist, der mit Hilfe eines Call-Girl-Rings und angenehm unernstem Gebaren ein Verbrechersyndikat sprengt. Das männliche Klimakterium durchlief er kürzlich in *Auf ein Neues,* und in *City Heat,* einem Prohibitions-Spektakel, war er neben Clint Eastwood zu sehen.

LINKS: aus *Sam Whiskey,* 1969

JACK NICHOLSON

JON VOIGHT

Mit seinem Blick eines halbzahmen Raubtiers und dem bösen Lächeln über einen Witz, den nur er versteht, wirkt Nicholson bedrohlich sexy. Der Witz – und die Bedrohlichkeit – liegt in dem Wissen, daß das Leben sinnlos ist und man es deshalb ebensogut genießen kann. Das spiegelt sich auch in seiner Laufbahn wider, in der er es nach seiner Rolle als bekiffter Anwalt in *Easy Rider,* 1969, zum Superstar brachte. Sein leicht vulgäres, lakonisches Auftreten macht ihn äußerst geeignet für den »film noir«, und als öliger, aber nicht ganz korrekter Detektiv in Polanskis *Chinatown* war er hervorragend. Seine beste Leistung bot er jedoch als MacMurphy, Märtyrer und Agitator, in *Einer flog über das Kuckucksnest,* dessen im Grunde gesunden Verstand er einem Millionenpublikum deutlich machte.

UNTEN: Pressephoto für *Chinatown,* 1974

Voight scheint sich auf Leinwandhelden zu spezialisieren, die auf den Amerikanischen Traum hereingefallen sind, wobei sein jungenhaftes Aussehen wunderbar mit dem Elend ihrer Existenz kontrastiert. In New York geboren, wo er an der katholischen Universität studierte, hatte er seinen ersten großen Erfolg 1969 als hübscher Strichjunge in *Asphalt-Cowboys.* Auch in *Beim Sterben ist jeder der Erste,* 1972, und *Coming Home,* 1978, ging es um die dunkle Seite Amerikas: im ersten wird der Wochenendausflug in die Natur zu einem Alptraum, im zweiten spielte er einen querschnittgelähmten Vietnam-Veteranen. Er hat bisher nur wenige Filme gemacht, weil er die Rolle des hübschen Jungen zugunsten von Charakterparts lieber meidet. 1979 hatte er in *The Champ* großen Erfolg.

OBEN: Pressephoto für *Table for Five,* 1983

ROBERT DE NIRO

De Niros raubtierhafte und manchmal erschreckende Maskulinität ist deshalb so eindringlich und wirkungsvoll, weil man dahinter die kaum unterdrückte Wut und Gewalttätigkeit eines Mannes spürt, der in der Falle sitzt. Als Travis Bickle, der zerrüttete Rächer in *Taxi-Driver,* 1976, und als Metallarbeiter in *Die durch die Hölle gehen,* 1978, der versucht, mit seinen furchtbaren Vietnam-Erlebnissen fertig zu werden, wurde er zur unmittelbaren Identifikationsfigur für die Leidtragenden der damaligen Zeit. Er ist ein Schauspieler mit großer Wandlungsfähigkeit und enormer erotischer Anziehungskraft, der es schafft, in seinen Filmen das Gespür für die Hölle zu vermitteln, in der seine Charaktere existieren. Emotional scheinen seine Helden nicht ganz zeitgemäß zu sein, da sie unfähig sind, sich zu ihren weiblichen Anteilen zu bekennen. In *New York, New York,* 1977, sagt er als dominanter, egozentrischer Chauvinist zu Liza Minelli: »Nicht du sagst mir auf Wiedersehen, ich sage dir auf Wiedersehen.«

Aber trotz seiner Macho-Allüren endet De Niro in seinen Rollen oft als romantischer Verlierer; in *New York, New York* befreit sich die Minelli von ihm, wird ein Star und zieht den gemeinsamen Sohn allein groß, und in *Der letzte Tycoon,* 1976, verstrickt sich De Niro als eleganter Studio-Boß, der der Person Irving Thalbergs nachempfunden ist, hoffnungslos in eine illusorische Liebesgeschichte. Ob nun als verrückter Johnny Boy in *Hexenkessel,* 1973, als kühler, glatter Vito Corleone in *Der Pate, Teil II,* 1974, oder als primitiver Jake La Motta in *Wie ein Wilder Stier,* 1980, immer scheint De Niro seine Rollen zu leben, sich dafür sogar physisch zu verändern. »Ich kann beim Schauspielern nicht betrügen«, sagte er, »ich weiß, daß das Kino eine Illusion ist – aber nicht für mich.«

LINKS: Pressephoto für *Die durch die Hölle gehen,* 1978

DONALD SUTHERLAND

Auf attraktive Weise wirkt er verdorben, der gebürtige Kanadier Sutherland, und er ist einer der interessantesten männlichen Stars: er kann komisch und gleichzeitig beunruhigend sein, wobei sich sein Ausdruck von einem Moment zum anderen von fürsorglicher Warmherzigkeit in ein boshaftes Grinsen wandelt, das auf alle möglichen unterschwelligen Teufeleien hindeutet. Er hat die Art Gesicht, die ihn vor vierzig Jahren auf die Rolle des Ekels festgelegt hätte, aber hier und heute wurde er damit zum Hauptdarsteller von Fellinis *Casanova,* 1976.

Es war die Aura des Übeltäters, die Sutherland seine erste gute Rolle als Psychopath in *Das dreckige Dutzend,* 1967, eintrug, aber erst seine faszinierende Zweideutigkeit, eine Mischung aus offener Auflehnung und Autorität, machte ihn 1970 zum Helden von *M*A*S*H*,* wo er einen lässigen Mediziner spielte, der inmitten von Blut und Schlachtengetümmel immer noch Zeit für eine Runde Golf hat. Im nächsten Jahr übernahm er in *Klute* eine ganz andere, wenn auch ebenfalls ambivalente Rolle als moralischer Einzelgänger, ein Polizist, der besessen nach einem Mörder sucht. Auch danach stellte er überwiegend liebenswerte Spinner oder normale Menschen dar, die unter psychischen Belastungen leiden; als neumodischer Priester in *Kleine Mörder,* 1971, wirkte er erschreckend; als Vater, der in Roegs Thriller *Wenn die Gondeln Trauer tragen,* 1973, gegen seine Überzeugung den Glauben an das Übernatürliche gewinnt und meint, daß seine tote Tochter noch lebt, war er phantastisch. Sein Gespür für unterschwellige Strömungen in scheinbar normalen Verhältnissen zeigte sich auch in *Eine ganz gewöhnliche Familie,* 1980, wo er den Vater einer traumatisierten Familie spielte.

OBEN: Porträt, 1981

RYAN O'NEAL

Eine gewisse internationale Berühmtheit erreichte der cherubinische O'Neal schon als aufsässiger Rodney Harrington in *Peyton Place* und wurde dann 1970 mit *Love Story* als Oliver, der reiche, aber nette College-Student, der sich in Ali MacGraw, eine arme, aber anständige College-Studentin, verliebt, zum Kinostar. Danach spielte er meistens den lieben Jungen. Drei seiner besten Rollen waren ein wohlerzogener Musiker, der in der spritzigen Komödie *Is' was Doc?* von der verrückten Barbra Streisand umgemodelt wird, dann ein Schwindler in *Paper Moon,* 1973, wo er an der Seite seiner Tochter Tatum großartig war, und schließlich in Walter Hills brillant gefilmter Autoverfolgungsjagd *The Driver* von 1978. Privat lebt O'Neal mit Farrah Fawcett zusammen.

OBEN: Pressephoto für *The Driver,* 1978

WOODY ALLEN

Allen ist ein kleiner, bebrillter New Yorker mit beginnender Glatze, der nach herkömmlichen Maßstäben gar kein Leinwandstar sein dürfte. Trotzdem war er Regisseur und Hauptdarsteller von drei klassisch-romantischen Filmen, *Der Stadtneurotiker,* 1977, *Manhattan,* 1979, und *Stardust Memories,* 1980.

Allens Helden sind allesamt äußerst erfolgreiche Großstädter, die jedoch so masochistisch von ihren eigenen Unsicherheiten besessen sind, daß ihre Beziehungen immer wieder scheitern. *Der Stadtneurotiker* beginnt mit dem berühmten Witz von Groucho Marx, daß Allen nie Mitglied eines Clubs sein wollte, der ihn aufnehmen würde; so unterminiert er auch sein Bedürfnis nach Liebe jedes Mal durch das Mißtrauen einer Frau gegenüber, die jemanden wie ihn lieben kann.

UNTEN: aus *Mach's noch einmal, Sam,* 1972

JOHN TRAVOLTA

Ohne Zweifel machten *Nur Samstag Nacht,* 1977, und *Schmiere,* 1978, Travolta zum Superknüller des Kinos Ende der siebziger Jahre. Mit seinem etwas kitschig-romantischen Aussehen, clever und gewitzt, hatte er alles, was sich ein Star nur wünschen kann – Teenager-Fans und das ganze Drum und Dran einer blühenden Zuhörerindustrie: Poster, Bücher, Alben und Zeitschriften. Jetzt sieht es allerdings so aus, als seien die jugendlichen Passionen, die er heraufbeschwor, ebenso flüchtig gewesen wie die für die Teenager-Idole Frankie Avalon und Troy Donahue in den fünfziger Jahren, und es bleibt abzuwarten, ob der reife Travolta die gleiche Begeisterung wecken kann wie der hübsche Junge von früher.

Aus einer Familie von Theaterleuten stammend, verließ Travolta mit sechzehn die Schule, um Schauspieler zu werden und arbeitete beim Fernsehen wie auch auf der Bühne hart für seinen Erfolg. Zum ganz großen Leinwandhelden brachte er es als verletzlich und etwas verloren wirkender Muskelprotz, und zwar zunächst als Disco-Tänzer – für Hollywood eine elektrisierende Offenbarung – und dann mit ziemlich plastischem Rock 'n' Roll als Anführer einer Straßenbande und Olivia Newton-Johns Liebster.

Nach *Schmiere* versuchte Travolta, sich schauspielerisch weiterzuentwickeln, indem er in *Von Augenblick zu Augenblick,* 1978, als Strichjunge auftrat, der in eine ältere Frau, Lily Tomlin, verliebt ist, aber der Film wurde ein Riesenflop; erschütternderweise war seine eigene Freundin, die Schauspielerin Diana Hyland, die siebzehn Jahre älter gewesen war als er, 1977 an Krebs gestorben. Travolta zog sich für zwei Jahre zurück, zeigte sich dann mit bescheidenem Erfolg in *Urban Cowboy* wieder auf der Leinwand und verlor erneut an Glaubwürdigkeit in *Staying Alive,* einem dürftigen Abklatsch von *Nur Samstag Nacht.*

RECHTS: Pressephoto für *Schmiere,* 1978

AL PACINO

Pacinos düstere, aber sensible Züge haben einen leicht bedrohlichen Ausdruck, der aber durch seine seelenvollen Augen ausgeglichen wird. In seinen Charakteren spiegelt sich diese faszinierende Mischung aus Sanftheit und Gewalttätigkeit, so etwa in Coppolas Epos *Der Pate I* und *Der Pate II,* wo Pacino Marlon Brandos rachedurstigen Sohn Michael Corleone spielte, der vom schweigsamen Kriegshelden mit ablehnender Haltung gegenüber der Mafia zum kaltblütigen und einzelgängerischen Familienoberhaupt heranreift. Dieselbe Mixtur aus Aggressivität und Zärtlichkeit zeigte er in *Serpico* als Polizist, der wie ein Hippie in Greenwich Village lebt und das System auf seine Weise bekämpft, und in *Asphalt-Blüten,* 1973, wo er als Gene Hackmans Partner fast zu Tode geprügelt wird.

Pacino ist sizilianischer Abstammung und wurde in einer rauhen Gegend von New York geboren. Seine Eltern trennten sich, als er noch klein war; er wuchs bei Mutter und Großeltern auf und war in der Schule schwierig und aufsässig. Er hat eine Vorliebe für »Außenseiter«-Rollen, in denen er komplexe, heftige Gefühle zurückhaltend vermittelt; man hat den Eindruck, als ob Pacino selbst sie durchlebt hätte und nicht allzu viel darüber reden möchte. Es gibt Elemente in seiner Leinwandpersönlichkeit, die sich auf den defensiv introvertierten Bogart in *Casablanca* und manche der beherrschten, ernsten, verschlossenen Helden Clint Eastwoods zurückführen lassen. Interessanterweise spielte er 1977 in *Bobby Deerfield* einen Rennfahrer, der seine Unsicherheit buchstäblich hinter einer Schutzhülle aus Helm, dunkler Brille und Overall verbirgt. Als zappeliger, ungeschicker Bankräuber, der in *Hundstage,* 1975, mit dem Überfall seinem Freund eine Geschlechtsumwandlung finanzieren will, und als Polizist, der in *Cruising,* 1980, einen Massenmörder zur Strecke bringt, vermittelte er die psychologischen Hintergründe sexueller Mehrdeutigkeit.

LINKS: Pressephoto für *Asphalt-Blüten,* 1973

DUSTIN HOFFMAN

Hoffman ist nicht sonderlich schön, aber sehr attraktiv. In seinen Rollen ist er der Sexy-Naive, der immer noch neue Wonnen entdeckt; selbst heute noch strahlt er die Erotik einer verwirrten Unschuld und jugendliche Abenteuerlust aus, die ihn 1967 mit *Die Reifeprüfung* über Nacht zum Sex-Symbol machten. Höriger Liebhaber von Anne Bancroft als Mrs. Robinson und unfähig, die Erwartungen seines Vaters zu erfüllen, verhilft er dem Film zu Charme und Happy-End, indem er mit Mrs. Robinsons Tochter durchbrennt, die gerade vorm Altar steht, um den furchtbaren Bräutigam zu heiraten, den die Mutter ihr ausgesucht hat.

Hoffman wurde von seiner kinobesessenen Mutter nach dem Stummfilmstar Dustin Farnum benannt, und seine Persönlichkeit kann man an seinen Mundwinkeln ablesen, die mit einem Ausdruck dankbarer Überraschung nach oben und nicht wie die eines desillusionierten Mannes in mittleren Jahren nach unten gezogen sind. Diese Sanftheit war es auch, die ihn in *Wer Gewalt sät* so fehl am Platz erscheinen ließ. Interessanterweise ist er in seinen Rollen oft damit beschäftigt, auch weibliche Eigenschaften auszuleben: als der unmännliche Ratso in *Asphalt-Cowboys,* 1969, als Vater, der sich in *Kramer gegen Kramer,* 1979, weigert, Meryl Streep ihren Sohn zurückzugeben, und als Schauspieler, der in *Tootsie,* 1982, zur Frau wird, sein privates Dilemma aber dadurch löst, daß er sich Jessica Lange zuliebe wieder in einen Mann verwandelt. Was Hoffmans Charaktere daran hindert, nur komischrührend zu wirken, ist der Anflug von dickköpfiger Selbstgerechtigkeit, der hinter seinem zaghaften Charme lauert. Eine Parodie davon liefert er in *Tootsie,* als er seinem Agenten erklärt, warum er bei einer Kindervorstellung die Rolle einer Tomate nach dem Method Acting spielt.

OBEN: aus *Das Geheimnis der Agatha Christie,* 1979

ROBERT REDFORD

OBEN: aus *Der große Gatsby,* 1974, mit Mia Farrow
GEGENÜBER: Pressephoto für *Der Clou,* 1973

Redford ist eine verblüffend vielschichtige Persönlichkeit; sein Lächeln und sein Blick sagen manchmal zweierlei aus. Einerseits kann er der liebenswerte Wildfang und gute Kumpel sein wie in *Zwei Banditen* oder *Der Clou,* andererseits ein distanzierter und ehrlicher Beobachter der Amoral, die großen Taten und Erfolgen zugrundeliegt – sowohl bei sich selbst als auch bei anderen. Wenn wir mit ihm in *Bill MacCay – der Kandidat,* 1972, in der Limousine mitfahren, können wir seine angeekelte Selbsterkenntnis teilen, während er mit vollkommen aufrichtig klingender Stimme seine Wahlrede hält, die inhaltlich bloßes Blabla ist. Als Reporter Bob Woodward von der Washington Post ist er in *Die Unbestechlichen,* 1976, von einem so starken Abscheu gegen die Aktionen anderer ergriffen, daß er die makellose Fassade der lügnerischen Politiker zerstört und die emotionalen und moralischen Mängel dahinter enthüllt.

Obgleich Redfords göttlich gutes Aussehen sämtliche Yuppie-Tugenden suggeriert – Erfolg, Reichtum, Sportlichkeit – ist er in Wirklichkeit Anti-Stadt-Mensch

und in jeder Hinsicht progressiv. In *Jeremiah Johnson,* 1972, beschäftigt er sich mit dem Pioniergeist, in *Blutige Spur,* 1970, mit der Behandlung der Indianer und in *Der elektrische Reiter,* 1979, mit dem Konflikt zwischen Kommerz und Ökologie.

Nach Hollywood kam Redford auf Umwegen, nachdem er vorzeitig das College verlassen hatte, um sich in Europa als Maler zu versuchen, und nach seiner Rückkehr an die American Academy of Dramatic Arts gegangen war. Seinen ersten großen Kinoerfolg hatte er 1969 mit *Zwei Banditen,* aber er war schon Hauptdarsteller gewesen, seit er 1967 seine Broadway-Rolle in der romantischen Komödie *Barfuß im Park* auf der Leinwand weitergespielt hatte.

Seine Interpretation der amerikanischen Einstellung zu Sieg und Erfolg begann 1969 mit *Schußfahrt* als wenig liebenswerter Skiläufer, der, vom Wunsch nach einer Medaille besessen, alle menschlichen Bindungen ausschließt; ähnliche Elemente waren bei dem Stuntman in *Tollkühne Flieger* von 1975 auszumachen. Für die von ihm verkörperten Typen sind ihre emotionalen und sexuellen Bedürfnisse unwichtig und ihre Beziehungen Nebensache, entscheidend ist einzig ihr Streben nach Macht.

Mitte der siebziger Jahre war Redford Amerikas populärster Kinostar geworden. Er vermeidet private Publizität, hat eine Frau und drei Kinder, führt Kampagnen über Umweltthemen durch, ist politisch ein Liberaler und verbringt sehr viel Zeit in Utah, wo ihm ein großes Stück Land gehört – eine Ranch, eine Pferdefarm, ein Skigelände und mehrere tausend Morgen Land.

OBEN: Pressephoto für *Cherie Bitter,* 1973
RECHTS: aus *Der elektrische Reiter,* 1979, mit Jane Fonda
GEGENÜBER: Pressephoto für *Der Unbeugsame,* 1984

AIL
CE

NICK NOLTE

Nolte ist so etwas wie ein boshafter Cherub, ein massiger, hartgesottener Bursche mit Grübchen, dem man den Leinwandhelden oft gar nicht zutraut. Seine Rolle in *Die Aufsässigen,* 1985, als wohlmeinender Lehrer an einer Schule, wo es rauh zugeht, deutet darauf hin, daß er das Image eines harten, aber verläßlichen modernen Glenn Ford anstrebt. 1977 spielte er neben Jacqueline Bisset in *Die Tiefe* und dann in *Dreckige Hunde,* 1978, als mit Drogen handelnder Anti-Held eine interessantere Rolle. Seinen überzeugendsten Auftritt hatte er bis jetzt in dem Thriller *Nur 48 Stunden,* 1982, als Polizist in San Francisco, der nicht viele Worte macht – die meistens auch noch schmutzig sind – und Eddie Murphy aus dem Gefängnis befreit, damit er ihm hilft, die Mörder von zwei Kollegen festzunageln.

UNTEN: Pressephoto für *Under Fire,* 1983

SYLVESTER STALLONE

Der Erfolg von *Rocky* machte 1976 aus dem unbekannten Stallone einen Kassenmagneten, und mit den beiden ebenso kitschigen Fortsetzungen hatte er weitaus mehr Glück als mit seinen Abstechern in andere Rollen; für das Publikum ist Stallone Rocky Balboa, der massive Boxer mit den Spaniel-Augen, dessen Leben genauso märchenhaft abenteuerlich zu verlaufen scheint wie sein eigenes. Stallone behauptet, daß er gerade noch ein paar Dollar hatte, als er einen Kampf mit Muhammad Ali sah, der ihn zu *Rocky* inspirierte, mit dem er einen Oscar für den besten Film gewann und innerhalb von nur drei Tagen zum Millionär wurde. Als Kind hatte ihm sein Vater gesagt: »Du hast nicht besonders viel Verstand mitgekriegt, deshalb solltest du etwas aus deinem Körper machen.«

OBEN: Pressephoto für *Rocky III,* 1982

RICHARD GERE

Richard Gere hat eine auffallende sexuelle Präsenz, die in mancher Hinsicht der von Robert De Niro ähnelt, aber wo De Niro tölpelhaft ist, wirkt Gere glatt; er hat ein öliges, schläfriges Lächeln und porträtiert hartgesottene, schöne Muskelprotze, die auf der Schattenseite des Lebens aufgewachsen sind. Gere verließ vorzeitig die Universität und war Theaterschauspieler in London und am Broadway, bevor er nach Hollywood ging. Als er 1982 mit *Ein Offizier und Gentleman* zum romantischen Superstar wurde, hatte er bereits mit Diane Keaton in *Auf der Suche nach Mr. Goodbar,* 1977, das Bett geteilt und 1979 in *Yanks* und *Ein Mann für gewisse Stunden* die Hauptrolle gespielt. Der letztere Film illustriert deutlich das veränderte Bild vom Leading Man, der hier als »der höchstbezahlte Liebhaber von Beverly Hills« angekündigt wurde; »er läßt Frauen lebendiger zurück, als sie sich je zuvor gefühlt haben«. Gere ist darin ein narzistischer Gigolo, dem der Mord an einer Kundin angehängt wird. Interessanterweise ruinierte dieser Film sein neues romantisches Image nicht, sondern wurde nach *Ein Offizier und Gentleman* zum noch größeren Kassenschlager. Kürzlich war er in dem sehr aufwendigen *Cotton Club* als weißer Jazz-Musiker zu sehen.

RECHTS: Pressephoto für *Ein Mann für gewisse Stunden,* 1979

GERARD DEPARDIEU

Depardieu erinnert sowohl an Jean Gabin wie auch an Jean-Paul Belmondo. Seit *Die Ausgebufften,* 1974, wo er als kleiner Ganove sein ausgeprägt proletarisches Image etablierte, wurde er zu einem Sex-Symbol des europäischen Kinos, und sein Status verfestigte sich, als er neben Robert De Niro in *1900* als zum Partisanenhelden gewandelter Bauer zu sehen war.

Depardieus Rolle in *Die Ausgebufften* enthält angeblich viele Elemente seiner eigenen Kindheit. Zur Schauspielerei fühlte er sich hingezogen, als er in Cannes bei den Filmfestspielen am Strand arbeitete. Er nahm dann in Paris Unterricht und schaffte über Fernsehen und Bühne seinen Weg nach oben. Mit seiner eindringlichen Präsenz war Deparcieu oft ein ausgefallener Held und präsentierte sich mehrfach als Objekt weiblicher Zerstörungswut. In *The Last Woman* kastriert er sich selbst mit einem elektrischen Messer, in *Bye Bye Monkey* wird er in einem grauenhaften New York der Zukunft von einer feministischen Theatertruppe vergewaltigt, und in *Frau zu verschenken* setzt er sich entschlossen dafür ein, daß seine Freundin ihre Depressionen verliert, wonach sie ihn dann zugunsten eines pubertierenden Knaben verläßt. In *Die Wiederkehr des Martin Guerre* spielte er einen mittelalterlichen Bauern, der als unerfahrener Jungvermählter sein Dorf verläßt und Jahre später als angeblicher Kriegsheld zurückkommt. Zunächst mit offenen Armen empfangen, wird seine Identität später angezweifelt, und das Kirchengericht verurteilt ihn zum Tode, aber erst, nachdem seine Frau wissentlich gegen Gesetz und Wahrheit verstoßen hat, um mit ihrer Liebe für ihn zu plädieren.

OBEN: aus *1900,* 1976

CHRISTOPHER REEVE

WILLIAM HURT

In einem Hollywood, in dem mittlerweile Helden europäischer Herkunft wie Pacino und Hoffman und hünenhafte Durchschnittsamerikaner à la Reeve und Ford dominieren, gilt Hurt als »die große weiße Hoffnung der amerikanischen Schauspielkunst«. Von allen neuen Stars scheint er als kultiviert-leidenschaftlicher Liebhaber der post-feministischen Frau am geeignetsten zu sein. In *Eine heißkalte Frau,* 1982, einer schwülen Neufassung von *Frau ohne Gewissen,* spielte er einen ehrgeizigen jungen Anwalt, der sich von einer schönen Frau zu einem Mord verführen läßt, und in *Gorki Park,* 1983, den ehrlichen Moskauer Polizisten, der einen grausigen Dreifach-Mord aufklären soll.

UNTEN: Pressephoto für *Eine heißkalte Frau,* 1982

Reeve repräsentiert als Superman den Mann der achtziger Jahre. Clark Kent, der bebrillte Angestellte und Normalsterbliche, ist mit seinen Schwierigkeiten, in einer feministischen Ära seine Männlichkeit zu behaupten, ein Held der Siebziger, während Superman als sein alter ego und Macho im blauen Trikot – der ganze Länder instandsetzen und Autos unter einem Felsen hervorziehen kann, mit seiner ausgeprägten Muskulatur und den breiten Schultern – den Mann von heute mit seinem ganzen sexuellen Selbstvertrauen verkörpert.

Nach *Superman* entwickelte sich Reeve zu einem beachtlichen Schauspieler, vor allem in *Death Trap,* 1982, neben Michael Caine und als Basil Ransome in der Verfilmung von Henry James' Roman *Die Damen aus Boston.*

OBEN: Pressephoto für *Death Trap,* 1982

MEL GIBSON

Seinen ersten großen Erfolg hatte Mel Gibson mit dem Film *Tim,* 1979, für den er den australischen Filmpreis als bester Darsteller bekam, und internationale Anerkennung wurde ihm als einem der Unschuldigen in *Gallipoli* zuteil. Ein Draufgänger und auf widerspenstige Art sexy, mit einem faszinierenden Zucken um den Mund und temperamentvollem, spezifisch australischem Image – obgleich gebürtiger New Yorker – wurde er in *Mad Max 1* und *2* zu einer Kultfigur vom Typ des Eastwood'schen Anti-Helden. Danach verfolgte er in *Ein Jahr in der Hölle,* wo er ein paar stürmische Szenen mit Sigourney Weaver hatte, eine ganz andere Schiene. 1984 spielte er den Fletcher Christian in *Die Bounty.*

OBEN: Pressephoto für *Die Bounty,* 1984

HARRISON FORD

Fords sanftes Auftreten und seine fast lethargische Sprechweise – so als ob er eine Zigarette zwischen den Zähnen hätte – lassen nicht unbedingt ahnen, wie gut er zum rebellischen, aber guten Helden von Abenteuergeschichten geeignet ist. Auf unaufdringliche Weise männlich, kommt seine lässige Grazie aus einiger Entfernung besser zur Geltung als in Nahaufnahmen. Fords bisher bester Film war *Jäger des verlorenen Schatzes,* 1981, wo er sich als schlagfertiger Archäologe in ein hübsches, pragmatisches Mädchen verliebt. Erst nach *American Graffiti,* 1973, kam seine Karriere so richtig in Schwung. Nach *Krieg der Sterne,* 1977, fand er anspruchsvollere Aufgaben in *Blade Runner,* 1982, und *Der einzige Zeuge,* 1985.

UNTEN: aus *Jäger des verlorenen Schatzes,* 1981

JEREMY IRONS

Jeremy Irons' internationaler Starruhm ist Beweis für die Unverwüstlichkeit des sensiblen, aristokratischen Engländers, wie er schon in den dreißiger Jahren von Leslie Howard porträtiert wurde. Irons war im Londoner West End Sozialarbeiter und Straßensänger, bevor er an der Schauspielschule in Bristol Unterricht nahm, und hatte seinen ersten Durchbruch als Judas in *Godspell.* Zum Herzensbrecher wurde er durch die Fernsehserie *Wiedersehen mit Brideshead,* die auf Evelyn Waughs klassischem Roman basierte, im Film aber die britisch adlige Version einer Männerkumpel-Geschichte war. Zu weltweiter Berühmtheit gelangte er neben Meryl Streep in *Die Geliebte des französischen Leutnants* als viktorianischer Gentleman, der in einem Badeort mit der Gesellschafterin einer Lady eine Affäre beginnt.

Seine Leinwandpersönlichkeit strahlt eine gewisse Ambivalenz und Schwachheit aus. Elegant und grazil erklärt er in wunderschön gedrechselten Sätzen Patricia Hodge in *Betrug* in einem kostbar möblierten Boudoir seine Liebe, aber sein Verhältnis zu ihr wird durch die Tatsache kompliziert, daß sie mit seinem besten Freund, dem Verleger Ben Kingsley, verheiratet ist; ein sehr britisches Konzept zweier loyaler Männer, die sich gegen die Frau als Widersacherin verbünden. Sein leicht gehetzt wirkender Gesichtsausdruck machte ihn auch zu einer guten Besetzung für die Rolle des polnischen Vorarbeiters in *Schwarzarbeit.*

RECHTS: Porträt, 1983

MATT DILLON

Dillon wurde von dem Agenten Vic Ramos entdeckt, als er in den Korridoren seiner High School umherstreifte, und er beeindruckte ihn durch sein rauhbeinig jungenhaftes Charisma – obwohl er in Wirklichkeit aus der Mittelschicht kommt. Er hat das etwas schwermütige, grobknochige Gesicht und die raubtierhafte Grazie, die die Kamera so liebt, und wurde von Ramos sorgfältig auf den James Dean der achtziger Jahre zurechtgetrimmt. Sein erster Film, *Wut im Bauch,* war ein Verschnitt von *...denn sie wissen nicht, was sie tun* und in seinem zweiten, *Kleine Biester,* 1980, spielte er für Tatum O'Neal und Kristy McNichol so überzeugend Sexualobjekt, daß er tausend Fan-Briefe täglich erhielt. Filme wie *Rumble Fish* und *Die Outsider,* beide 1983, haben sein Image als Junge aus den Slums stabilisiert.

OBEN: Pressephoto für *Rumble Fish,* 1983

SAM SHEPARD

In *Der Stoff, aus dem die Helden sind* stahl er als heroischer Testpilot Chuck Yeager allen anderen die Schau, und der Wim-Wenders-Film *Paris Texas,* für den er das Drehbuch schrieb, gewann bei den Filmfestspielen in Cannes die Goldene Palme.

Als Hauptdarsteller sowie als Autor setzt er sich sehr intensiv mit Vereinzelung, Gewalttätigkeit und gesellschaftlich bedingtem Elend – was er einst als »die Macho-Psyche des amerikanischen Mannes« bezeichnete, wie sie von Clint Eastwood und Charles Bronson verkörpert wird – und mit dem Helden-Ethos auseinander. »Das ist eine amerikanische Tradition. Wir produzieren ständig irgendwelche Helden.« Er lebt mit der Schauspielerin Jessica Lange zusammen, mit der er 1982 in *Frances* zu sehen war.

UNTEN: Pressephoto für *Frances,* 1982

SEAN PENN

Penn ist einer der wenigen Leading Men der achtziger Jahre mit einem spezifischen Image; nett, gut gebaut und grobknochig, aber mit eng zusammenstehenden Augen, die ihm ein Flair sexueller Bedrohlichkeit verleihen. Sein Debüt hatte er 1979 in der Barnaby-Jones-Fernsehserie, seine erste wichtige Rolle im Kino war jedoch die des adretten Zöglings der Militärakademie in *Die Kadetten von Bunker Hill.*

Beide Eltern des gebürtigen Kaliforniers Penn waren im Show-Geschäft tätig – seine Mutter als Schauspielerin, sein Vater als Fernseh-Regisseur –, und er drehte schon an der High School Schmalfilme, bevor er sich dem Los Angeles Group Repertory Theatre anschloß. Seit einiger Zeit ist er in interessanten Rollen zu sehen, wie etwa an der Seite von Elizabeth McGovern in *Die Zeit verrinnt,* in Louis Malles Kapriole *Die Chaotenclique,* in der er neben Donald Sutherland auftrat, und in John Schlesingers *Der Falke und der Schneemann* mit Timothy Hutton.

RECHTS: aus *Die Zeit verrinnt,* 1984

NAMENSREGISTER